0~36 개월

DEP 조기중재 교육과정

③ 소근육 운동기술

서소정 · 장혜성 · 하지영 공저

학지사

본 DEP 조기중재 교육과정은
경기도장애인종합복지관의 연구비 지원을 받아 간행되었습니다.

저·자·서·문

장애위험 영아를 조기에 선별하는 것과, 또 장애진단을 받은 영아의 발달수준을 정확하게 파악하여 적기에 중재교육을 제공하는 것은 매우 중요한 일입니다. 그러나 현재 우리나라에서 장애위험 영아를 선별(screen) 및 평가(assess)하기 위해 사용하고 있는 대부분의 도구는 아쉽게도 외국에서 개발한 것을 그대로 번역한 경우가 많습니다. 아울러 장애위험 영아와 장애영아를 위한 조기중재 교육과정 또한 외국 프로그램을 번역한 후 일부 내용만 수정·보완한 것을 사용하고 있는 실정입니다. 이에 우리나라 영아에게 적합한 선별·교육진단 도구의 개발 및 이와 연계한 통합적 조기중재 교육과정 개발이 절실하였습니다.

본 DEP 조기중재 교육과정은 2006~2007년도 2년(Phase I)간에 걸쳐 이루어진 '영아선별·교육진단검사의 개발' 연구와 연계하여, 단순히 영아의 현행 발달수준을 선별 또는 평가하는 것에서 나아가 선별결과에 기초해 보다 효과적인 조기중재로 이어질 수 있도록 이후 2008~2009년도 2년(Phase II)간, 총 4년이라는 긴 연구기간을 거쳐 완성된 것입니다.

본 DEP 조기중재 교육과정은 출생에서 36개월까지를 총 8개 월령단계로 구분하여 발달의 제 영역에 관련된 교육내용을 담았으며, 크게 다음과 같이 세 가지 차원의 개발목적을 설정하였습니다. 첫째, 장애위험 영아의 객관적이고 정확한 선별검사를 통한 결과에 기초하여 통합적이고 총체적인 발달적 지원을 제공함으로써 이후 이들이 심각한 장애로 이어질 수 있는 가능성을 줄이고자 합니다. 둘째, 이미 장애진단을 받은 영아를 위해 보다 체계적이고 효과적인 조기중재 지원을 제공하고자 합니다. 즉, DEP 조기중재 교육과정은 장애영아와 장애위험 영아가 취약한 부분인 영역의 발달을 촉진할 수 있는 구체적 지침을 제공하고 있습니다. 셋째, DEP 선별검사 결과에 기초하여 영아교육 및 보육 현장과 가정에서 일반 개별 영아의 개인 내 발달영역의 강점 및 약점을 파악함으로써 보다 효과적으로 지원하고자 합니다.

본 DEP 조기중재 교육과정 개발절차는 다음과 같습니다. 1, 2차년도 영아선별·교육진단검사(DEP) 개발의 후속작업으로 3차년도에는 영아선별·교육진단검사(DEP)와 동일한 6개 영역, 344개 문항에 대해 교육과정 프로그램을 개발하였습니다. 그 후 영유아발달 및 장애영아 특수교육 관련 전문가로부터 교육과정 전반에 관한 내용타당도를 검증받았습니다. 4차년도에는 장애진단을 받지는 않았지만 장애로 발전할 위험이 있는 영아와 이미 장애진단을 받은 영아를 대상으로 하여 어린이집과 장애인복지관 담당 교사가 16주간에 걸쳐 중재 교육프로그램을 실시함으로써 DEP 조기중재 교육과정의 효과성을 검증하고, 또 수정·보완할 내용에 대한 자문을 하였습니다. 또한 지체장애, 청각장애, 시각장애 전문가 및 영아발달 전문가로부터 교육과정 전반에 관한 자문을 두 차례 추가로 받은 후 최종 보완하여 완성하였습니다.

본 DEP 조기중재 교육과정은 총 7권으로 매뉴얼, 대근육 운동기술, 소근육 운동기술, 의사소통, 사회정서, 인지, 기본생활 편으로 구성되어 있습니다. 그리고 전체적인 DEP 조기중재 교육과정은 목표행동 성취의 중요성, 자료, 목표행동 성취를 위한 단계적 지도과정, 일상생활에서의 지도과정, 고려사항, 목표행동 성취 기준에 관한 내용으로 구성되어 있습니다.

본 DEP 조기중재 교육과정이 개발될 수 있도록 그동안 자문을 해 주신 여러 전문가 명단(가나다순)은 다음과 같습니다. 강주희(한빛맹학교 특수교사), 김미숙(양천장애인복지관 특수교사), 김미정(다운복지관 물리치료사), 김상진(전 서울장애인복지관 작업치료사), 김수경(곡교어린이집 언어치료사), 김영란(이화여자대학교 언어병

리학 박사과정), 김은혜(강동구보육정보센터 장애아통합 순회지문교사), 김진희(강남구립 청담어린이집 교사), 명경미(한국우진학교 특수교사), 민정화(강남구보육정보센터 보육전문요원), 박경아(서울농학교 특수교사), 송영희(양천장애인복지관 특수교사), 신세희(국방부청사어린이집 교사), 안미영(강남구립 청수어린이집 교사), 유미희(다운복지관 특수교사), 이소영(이화여자대학교 특수교육과 박사과정), 이하나(강남구립 청담어린이집 교사), 전미선(강남구립 청담어린이집 교사), 정수진(군포시립 고은어린이집 교사), 정은진(한빛맹학교 특수교사), 조은숙(동광어린이집 고사), 차은정(동대문구립 이문어린이집 교사), 최은정(명장어린이집 교사), 최한나(동대문구립 이문어린이집 교사), 탁은정(한국사회서비스관리원), 황지영(강남구보육정보센터 보육전문요원) 님께 지면을 빌려 다시 한 번 감사드립니다.

마지막으로 본 검사도구 및 교육과정 개발을 위해 4년 동안 꾸준하게 연구지원을 해 주신 경기도장애인종합복지관에 깊은 감사를 드립니다. 지난 4년간 경기도장애인종합복지관의 전폭적인 지원이 없었다면 DEP 검사도구 개발은 물론 이와 연계한 교육과정 개발은 불가능했을 것입니다. DEP 조기중재 교육과정이 현장 교사와 부모에게 영아의 현행 발달수준을 손쉽게 파악하도록 도와주고, 또 개별 영아에게 적절한 조기중재 프로그램을 지원할 수 있는 기초 자료로서 유용하게 활용될 수 있기를 기대합니다.

2010년 6월

저자 일동

후·원·의·글

예방적 복지를 향한 시금석이 되기를

지난 2006년 '영아선별 · 교육진단검사의 개발 및 연구'를 시작한 이후 벌써 4년이 지났습니다. 이 연구는 영아선별 · 교육진단검사(DEP)와 검사 후 조기중재 교육과정을 연계하여서 지도하기 위한 DEP 조기중재 교육과정의 개발을 가능하게 했습니다. DEP는 발달이 지체되거나 어려움을 겪는 영아를 조기 선별하여 적절한 시기에 조기개입하여 발달을 지원할 수 있다는 측면에서 커다란 의의가 있습니다.

국내에는 장애위험 영아와 장애영아를 위한 조기중재 교육과정이나 이와 관련한 진단검사도구가 전무한 실정이어서 그동안 외국에서 개발된 도구를 사용할 수밖에 없었고, 이에 따라 한국의 사회-문화적 특성이나 욕구를 반영하지 못하는 한계가 있었습니다. 이렇게 장애영아에 대한 조기 선별이나 교육진단검사의 부재는 우리에게 너무나도 절박한 과제였습니다. 이에 저희 복지관 내에 다양한 연구과제 가운데 특별히 DEP 개발에 관한 제안서에 적극적으로 공감하여 지원을 결정하였고 이제 오랜 산고 끝에 한국형 DEP를 개발함으로써 결실을 맺게 되었습니다.

장애영아의 발달 문제는 조기 선별하고, 조기 개입과 지원을 통하여 예방하고 최소화할 수 있습니다. 한국형 DEP는 0~36개월의 영아의 다양한 움직임과 발달상태를 관찰, 평가함으로써 영아가 적절한 발달과정을 밟고 있는지, 아니면 발달이 지체되는지 등 장애 진행 여부를 평가하고 선별해 낼 수 있는 유용한 진단검사

도구입니다. 또한 같은 연령대의 영아에 비해 어느 정도 발달이 늦는지 측정이 가능하고 담당 교사나 치료사, 부모 모두에게 좋은 길잡이가 되는 진단검사도구가 될 것입니다. 나아가 영아의 발달지체를 조기에 발견하고 조기 개입 및 지원하는 것은 아동발달의 촉진만이 아니라 가족 구성원의 이해와 성장에도 많은 도움이 될 것입니다.

DEP 조기중재 교육과정을 통하여 장애 조기 발견과 개입, 지원 프로그램의 개발과 실행이 이루어져 우리 사회의 장애인 복지 증진과 발전에 조금이나마 보탬이 되었으면 합니다. 또한 DEP가 장애영아를 가진 부모님과 장애인복지관, 영유아 장애인 생활시설, 그리고 특수학교 등에서 적극적으로 활용됨으로써 더욱 적절한 개입프로그램의 개발과 참여로 예방적 복지 실현의 시금석이 되기를 바랍니다.

마지막으로 인내를 가지고 꾸준하게 DEP 조기중재 교육과정 개발을 위해 애쓰신 가톨릭대학교 특수교육과 장혜성 교수님, 경희대학교 생활과학대학 아동가족학과 서소정 교수님, 그리고 경희대학교 대학원 하지영 선생님께 거듭 감사의 마음을 전합니다. 아울러 이 책이 출판될 수 있도록 기꺼이 도움을 주신 학지사 김진환 사장님과 편집부 여러분에게도 감사를 드립니다.

2010년 6월

경기도장애인종합복지관장 최영

일러두기

◆ 부모는 DEP 검사(장혜성, 서소정, 하지영, 2008)를 통한 교육과정 지도 시 우선적인 목표행동을 찾기 어려울 수 있으므로, 목표행동을 선정할 때 반드시 전문가의 도움을 받아야 합니다.

◆ 부모가 본 교육과정을 사용할 경우에는 전문가의 도움을 받는 것이 좋습니다. 'DEP 조기중재 교육과정'은 개별 영아의 요구에 적합한 지원을 제공하기 위해서 교사나 부모가 쉽게 영아를 지도할 수 있도록 구성하였습니다.

◆ 영아발달은 6개 영역(대근육 운동기술, 소근육 운동기술, 의사소통, 사회정서, 인지, 기본생활)이 별개로 발달하는 것이 아닙니다. 따라서 영아의 특성과 각 영역별 항목의 연계를 고려하여 6개 영역의 교육과정을 함께 지도할 수 있도록 계획하는 것이 효과적입니다.

◆ 장애영아의 경우 한 가지 목표행동을 성취하는 데 시간이 많이 걸리고, 6개 영역의 발달이 고르지 않을 수 있습니다. 따라서 너무 서두르지 말고 지속적으로 지도하는 것이 필요합니다.

◆ 장애 특성에 따라 특히 성취되기 어려운 항목이 있습니다. 그런 경우에는 영아 스스로 목표행동을 이루는 데 필요한 과정과 연관된 활동/행동을 했을 때, 그 순간을 놓치지 않고 언어적 칭찬과 비언어적 칭찬(예: 웃어 주기, 머리 쓰다듬기)을 동시에 해 줍니다.

◆ 목표행동 성취를 위해서는 영아의 눈높이에 맞추어 자세를 낮추거나 신체적 접촉행동을 제공하고, 목표행동 성취를 위한 구체적 모델링 보여 주기 등을 실시합니다.

◆ 교육은 교육대상 영아가 졸린 상태이거나, 수유/이유식을 한 직후이거나, 낮잠에

서 깬 직후 등은 피하고 영아가 보다 활발하고 적극적으로 활동에 참여할 수 있는 최적의 시간을 선정하여 진행합니다.

- ‘목표행동 성취를 위한 단계적 지도과정’을 통해서 목표행동의 습득이 가능해지면 자연환경인 교육기관 또는 가정의 다양한 상황에서 연계하여 지도합니다. 교육활동 내용을 직접적으로 가르치려고 하거나 억지로 하지 말고 가능하면 일과 내에서 자연스럽게 지도합니다.
- 시각장애, 청각장애, 지체장애 영아의 경우는 ‘고려사항’을 참고하여 특히 주의하여 지도합니다.
- 한 가지 활동 안에서 가능한 한 여러 영역의 목표를 골고루 달성할 수 있는 방식으로 활동을 전개하면 좋습니다. 예를 들어, 부드러운 반투명 젤리를 사용하여 젤리의 촉감을 느끼게 함으로써 소근육 운동기술을, 젤리를 만져 본 느낌에 대해 이야기를 나눔으로써 의사소통기술을, 주양육자와 즐겁게 활동함으로써 사회정서 발달을, 먹는 젤리를 눈에 비춰 보아 색이 다르게 보이는 것을 관찰하고 먹지 못하는 다른 놀잇감을 비교하는 활동을 제시함으로써 인지발달을 지도합니다.
- 영아는 주양육자와 함께 일상생활 속에서 자연스러운 놀이활동에 참여함으로써 다양한 기술을 연습해 보는 기회를 가져야 합니다.
- 교육대상자인 영아의 흥미와 요구가 무엇인지 살펴 영아가 좋아하는 놀잇감이나 활동을 활용하여 지도할 때에 효과적인 교육이 가능합니다.
- 필요한 활동자료(예: 관련 놀잇감)를 제시할 때, 영아가 방해받지 않고 자신이 바라는 대로, 자신의 속도에 맞추어 활동자료를 충분히 탐색할 수 있도록 합니다.

차 · 례

6. 월령: 19~24개월 • 94

7. 월령: 25~30개월 • 108

8. 월령: 31~36개월 • 121

01 월령: 0~3개월

1. 목표행동

두 눈을 같은 방향으로 함께 움직인다.

◎ 목표행동 성취의 중요성

영아는 출생 시 단안시이기 때문에 좌우 눈이 각각 다른 상을 보게 된다. 그러다가 머리를 가누기 시작하면서 양안시로 발달하는데, 이는 영아가 양쪽 눈으로 물체에 초점을 맞추고 물체의 움직임을 따라서 두 눈을 함께 움직이도록 해 준다.

◎ 자료

우유병, 놀잇감, 손잡이가 달린 종, 삑삑이 인형

◎ 목표행동 성취를 위한 단계적 지도과정

step 1 주양육자는 영아가 누워 있을 때, 우유병이나 놀잇감을 영아의 눈앞 30cm 정도 떨어진 곳에 두고 보여 준 후, 영아가 쳐다보면 둥글게 천천히 움직이면서 보여 준다. 이때 속도를 적절하게 조절해 준다.

step 2 주양육자는 영아에게 우유병이나 놀잇감을 보여 주며 놀이할 때, 소리를 함께 내며 놀잇감을 제시한다. 예를 들어, 딸랑이와 같이 소리가 나는 놀잇감을 이용하거나, 놀잇감을 움직이면서 얼러 주는 소리를 내 준다.

◎ 일상생활에서의 지도과정

영아가 누워 있을 때 볼 수 있도록 다양한 모양의 모빌을 천장에 달아 둔다. 한두 가지(예: 흰색과 검은색) 색으로 이루어진 선명한 모빌이나 움직일 때 소리가 나는 모빌이 도움이 된다.

◎ 고려사항

영아에게 시각 자극을 제시할 때, 또는 청각 자극과 함께 제시할 때 영아가 놀라지 않도록 천천히 보여 준다. 좌우로 물체를 천천히 보여 줄 때 영아의 눈동자 움직임을 살펴보며, 좌우로 이동 속도를 고려한다.

생후 3개월 이내의 영아는 눈동자 움직임의 한계가 있으므로, 시야를 벗어나지 않도록 물체의 이동 범위를 고려한다.

뇌성마비 영아의 경우는 두 눈이 같은 방향으로 움직일 때 고개나 사지도 같이 움직이기 쉽다. 그러므로 영아의 머리와 등 뒤에 웨지(삼각형 모양의 받침대)를 대주어 편안한 자세를 취하게 한 후 눈을 움직이도록 유도한다. 이때 한쪽 눈만 따라오거나 돌아가면 안과 전문의의 검진을 받아 보도록 한다.

생후 3개월 이내에 선천성 시각장애 판정을 받은 영아의 경우는 더 크거나 더 밝은 놀잇감을 선택하여 자극을 강화시켜 준다. 시각장애 영아에게 다른 소리자극이 제한된 상황에서 소리 나는 놀잇감의 소리를 들려주고 놀잇감의 위치를 바꾸어 가며 음원의 움직임에 따라 주양육자가 영아를 안고 영아의 귀가 소리 나는 쪽을 향하도록 해 준다. 이를 통해 귀로 소리 위치를 추적하는 경험을 충분히 하게 한 다음에 소리 나는 쪽으로 고개 돌리는 연습을 시킨다.

◎ 목표행동 성취기준

영아는 누워 있는 상태에서 자신의 눈앞 약 30cm 위치에서 천천히 움직이는 놀잇감에 두 눈으로 초점을 맞추고 놀잇감의 이동에 따라 움직이는 행동을 10회 시도 중 최소 8회 이상 보인다.

2. 목표행동

물체나 사람의 얼굴을 따라서 눈을 좌우로 움직인다.

◎ 목표행동 성취의 중요성

영아는 시각적으로 주어지는 자극을 통해 주변 환경을 탐색하고, 정보를 처리하여 반응한다. 이와 같은 시각적 자극에 대한 반응은 이후 정보처리능력이나 의사소통 기술의 획득, 사회적 상호작용의 발달에 중요한 역할을 한다.

◎ 자료

영아가 좋아하는 놀잇감(예: 공, 딸랑이, 손인형, 작은 풍선, 자동차)

◎ 목표행동 성취를 위한 단계적 지도과정

step 1 주양육자는 크기가 크고 밝은색의 놀잇감(예: 공, 딸랑이)이나 움직이는 놀잇감(예: 손인형, 작은 풍선, 자동차)을 준비한다.

step 2 주양육자는 영아가 누워 있는 상태에서 눈앞 약 30cm 위치에서 놀잇감이나 주양육자의 얼굴을 두고, 영아가 쳐다보면 한쪽 방향으로 천천히 움직였다가 다시 반대 방향으로 천천히 움직인다. 여러 가지 놀잇감을 이용해 각 2~3회씩 반복해 본다.

step 3 위의 시도에 영아가 눈을 움직이지 않으면, 주양육자는 놀잇감이나 주양육자의 얼굴을 움직일 때 소리를 함께 내 본다. 예를 들어, 딸랑이와 같이 소리가 나는 놀잇감을 이용하거나, 놀잇감 또는 주양육자 자신의 얼굴을 움직이면서 얼러 주는 소리를 내 준다.

◎ 일상생활에서의 지도과정

기저귀를 갈아 줄 때, 우유를 먹일 때 등 일과 활동 시 영아가 사물을 따라 시선을 움직일 수 있도록 반복한다.

주양육자는 평소에 영아와 마주 보고 다양한 표정을 짓는다. 까꿍놀이처럼 얼굴과 얼굴을 마주 보고 하는 놀이를 할 수 있다.

영아가 가만히 누워 있을 때, 천장에 모빌을 달아 두어 쳐다볼 수 있게 한다.

◎ 고려사항

영아에게 시각 자극을 제시하거나 또는 청각 자극을 함께 제시할 때 영아가 놀라지 않도록 천천히 보여 준다.

영아에게 물체를 위아래로 천천히 보여 줄 때 영아의 눈동자의 움직임을 살피며, 위아래 이동 속도를 고려한다.

생후 3개월 이내의 영아는 눈동자 움직임의 한계가 있으므로, 영아의 시야를 벗어나지 않도록 물체의 이동 범위를 고려한다.

생후 3개월 이내에 선천성 시각장애 판정을 받은 영아의 경우는 크거나 밝은 놀잇감을 선택하여 자극을 강화시켜 준다. 시각장애 영아에게 다른 소리자극이 제한된 상황에서 소리 나는 놀잇감의 소리를 들려주고 놀잇감의 위치를 바꾸어 가며 음원의 움직임에 따라 주양육자가 영아를 안고 영아의 귀가 소리 나는 쪽을 향하도록 해 준다. 이를 통해 귀로 소리 위치를 추적하는 경험을 충분히 하게 한 후에 그다음 소리 나는 쪽으로 고개를 돌리는 연습을 하도록 유도한다.

◎ 목표행동 성취기준

영아는 누워 있는 상태에서 자신의 눈앞 약 30cm 위치에서 좌우로 180도 정도 천천히 움직이는 놀잇감이나 주양육자의 얼굴을 보고 따라 움직이는 행동을 10회 시도 중 최소 8회 이상 보인다.

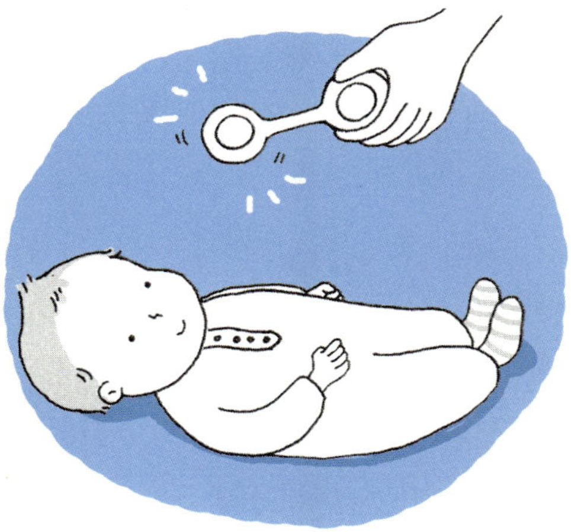

3. 목표행동

물체나 사람의 얼굴을 따라서 눈을 위아래로 움직인다.

◎ 목표행동 성취의 중요성

영아는 시각적으로 주어지는 자극을 통해 주변 환경을 탐색하고, 정보를 처리하여 반응한다. 이와 같은 시각적 자극에 대한 반응은 이후 정보처리능력이나 의사소통 기술의 획득, 사회적 상호작용의 발달에 중요한 역할을 한다.

◎ 자료

영아가 좋아하는 놀잇감(예: 공, 딸랑이, 손인형, 작은 풍선, 자동차)

◎ 목표행동 성취를 위한 단계적 지도과정

step 1 주양육자는 크기가 크고 밝은색의 놀잇감(예: 공, 딸랑이)이나 움직이는 놀잇감(예: 손인형, 작은 풍선, 자동차)을 준비한다.

step 2 주양육자는 영아가 누워 있는 상태에서 눈앞 약 30cm 위치에서 놀잇감이나 주양육자의 얼굴을 두고, 영아가 쳐다보면 위로 천천히 움직였다가 다시 아래로 천천히 움직인다. 이때 영아의 머리보다 조금 높이 갔다가 영아의 턱보다 조금 아래까지 움직인다. 여러 가지 놀잇감을 이용해 각 2~3회씩 반복해 본다.

step 3 위의 시도에 영아가 눈을 움직이지 않으면, 주양육자는 놀잇감이나 주양육자의 얼굴을 움직일 때 소리를 함께 내 본다. 예를 들어, 딸랑이와 같이 소리가 나는 놀잇감을 이용하거나, 놀잇감 또는 주양육자 자신의 얼굴을 움직이면서 얼러 주는 소리를 내 준다.

◦ 일상생활에서의 지도과정

기저귀를 갈아 줄 때, 우유를 먹일 때 등 일과 활동 시 영아가 사물을 따라 시선을 움직일 수 있도록 반복한다.

주양육자는 평소에 영아와 마주 보고 다양한 표정을 짓는다. 까꿍놀이처럼 얼굴과 얼굴을 마주 보고 하는 놀이를 할 수 있다.

영아가 가만히 누워 있을 때, 천장에 모빌을 달아 두어 쳐다볼 수 있게 한다.

◦ 고려사항

영아에게 시각 자극을 제시하거나 또는 청각 자극을 함께 제시할 때 영아가 놀라지 않도록 천천히 보여 준다.

뇌성마비 영아의 경우는 편안한 자세에서 약간 위와 아래의 방향으로 자극을 제시하도록 하며, 위아래 방향을 급격히 바꾸어 불수의적인 움직임이나 경직성 움직임을 유도하지 않도록 한다.

생후 3개월 이내에 선천성 시각장애 판정을 받은 영아의 경우는 크거나 더 밝은 놀잇감을 선택하여 자극을 강화시켜 준다. 시각장애 영아에게 다른 소리자극이 제한된 상황에서 소리 나는 놀잇감의 소리를 들려주고 놀잇감의 위치를 바꾸어 가며 음원의 움직임에 따라 주양육자가 영아를 안고 영아의 귀가 소리 나는 쪽을 향하도록 해 준다. 이를 통해 귀로 소리 위치를 추적하는 경험을 충분히 하게 한 후에 그다음 소리 나는 쪽으로 고개를 돌리는 연습을 하도록 유도한다.

◦ 목표행동 성취기준

영아는 누워 있는 상태에서 자신의 눈앞 약 30cm 위치에서 위아래로 천천히 움직이는 놀잇감이나 주양육자의 얼굴을 보고 따라 움직이는 행동을 10회 시도 중 최소 8회 이상 보인다.

4. 목표행동

누워 있을 때 물건을 보거나 소리를 들으면 물건이 있는 쪽이나 소리가 나는 쪽으로 팔을 뻗어 휘젓는다.

◎ 목표행동 성취의 중요성

영아는 시각적 또는 청각적으로 주어지는 자극을 통해 주변 환경을 탐색하고, 정보를 처리하여 반응한다. 영아가 눈앞에 보이거나 소리 나는 물건 쪽으로 팔을 뻗어 휘젓는 것과 같은 표현을 할 수 있다는 것은 주어진 자극에 대해 적극적으로 탐색하고 상호작용을 하려는 의지를 표현할 수 있음을 보여 준다. 이러한 행동은 이후 눈과 손의 협응 능력발달에서 중요한 역할을 한다.

◎ 자료

영아가 좋아하는 놀잇감(예: 소리가 나는 공, 딸랑이, 손인형, 작은 풍선, 자동차)

◎ 목표행동 성취를 위한 단계적 지도과정

step 1 주양육자는 크기가 크고, 밝은색의 놀잇감(예: 공)이나 소리가 나는 놀잇감(예: 딸랑이), 움직이는 놀잇감(예: 손인형, 작은 풍선, 자동차)을 준비한다.

step 2 주양육자는 영아가 누워 있는 상태에서 눈앞 약 30cm 위치에서 놀잇감을 두고, 놀잇감의 소리를 들려주거나, 주양육자가 "여기 봐, ○○가 좋아하는 딸랑이 있네." 하면서 영아가 팔을 뻗는지 관찰해 본다.

step 3 주양육자는 여러 가지 놀잇감을 이용해 각 2~3회씩 반복해 본다.

step 4 영아가 목표행동을 잘 성취하지 못하면, 주양육자는 딸랑이를 영아의 손에 닿게 한 후 영아가 딸랑이를 의식하면 점차 거리를 멀리 하여 시도해 본다.

step 5 촉각 자극(예: 다양한 재질의 공으로 소리가 나는 공, 딸랑이)을 함께 줄 수 있다. 주양육자는 놀잇감을 영아의 눈앞에 두었을 때 영아가 반응하지 않으면, 놀잇감으로 영아의 손을 살짝 건드렸다가 다시 놀잇감을 천천히 눈앞으로 가져간다.

일상생활에서의 지도과정

주양육자는 영아에게 "○○야, 엄마가 안아 줄까?" 하면서 팔을 벌리고 누워 있는 영아에게 다가가면서 안아 주려는 것처럼 한다. 영아가 가까이 다가오면 영아의 이름을 부르면서 꼭 안아 준다.

똑같은 놀잇감이라도 매번 다른 식으로 보여 준다. 예를 들어, 놀잇감을 보여 줄 때 주양육자는 여러 가지 재미있고 과장된 얼굴 표정을 짓거나 소리를 내어 영아의 관심을 끌어내도록 한다.

고려사항

영아가 놀라지 않도록 놀잇감은 천천히 제시한다. 특히 갑자기 큰 소리를 내지 않도록 주의한다.

시각장애나 청각장애, 불수의적인 움직임이나 경직성 움직임이 있는 뇌성마비 영아의 경우는 크거나 더 밝은 색의 놀잇감을 선택하여 자극을 강화시켜 준다.

시각장애 영아의 경우는 소리 나는 놀잇감을 사용하여 주양육자가 함께 잡고 흔들어 보는 놀이를 한다. 그 후 놀잇감 소리를 들려주었을 때 영아가 소리 나는 쪽으로 팔을 뻗는지 확인한다. 일상생활에서는 주양육자가 다양한 소리를 낼 때 영아와 신체 접촉을 해서 소리와 물체를 하나의 개념으로 인식하도록 하면 영아가 소리 나는 쪽으로 팔을 뻗는 행동을 하도록 유도할 수 있다.

◎ 목표행동 성취기준

영아는 누워 있는 상태에서 눈앞 약 30cm 위치에서 놀잇감이 보이거나, 소리가 나면 놀잇감이 있는 쪽으로 팔을 뻗어 휘젓는 행동을 10회 시도 중 최소 8회 이상 보인다.

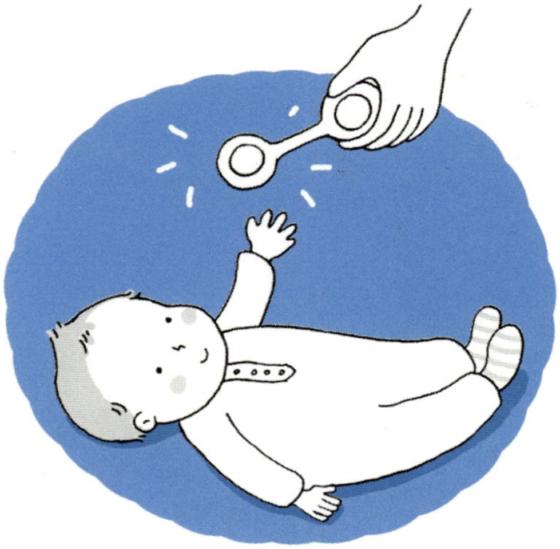

5. 목표행동

손을 움켜쥐기보다 완전히 펴거나 느슨하게 편다.

◎ 목표행동 성취의 중요성

이 시기 영아는 주로 두 손을 움켜쥐고 있으며, 손바닥에 물건을 쥐어 주면 빼내기 힘들 정도로 꼭 쥐는 파악반사를 보인다. 그러나 생후 1~2개월 정도 되면 손을 자주 펴고 있으며 3개월 정도가 되면 파악 반사도 약해진다. 이 시기에 손을 펴고 늘어져 있거나, 생후 4개월 이후에도 계속 손을 움켜쥐고 있다면 전문가의 진단을 받아 보도록 한다.

◎ 자료

없음

◎ 목표행동 성취를 위한 단계적 지도과정

step 1 주양육자는 영아의 손바닥을 펴게 한 뒤, 손바닥을 간질이거나 손바닥 위에 주양육자의 손가락으로 곤지곤지 등의 놀이를 한다.

step 2 이러한 놀이를 통해 영아가 자연스럽게 손바닥을 펴고 있을 수 있도록 도움을 준다.

◎ 일상생활에서의 지도과정

주양육자는 "잼잼잼" 하면서 자신의 손으로 영아의 손을 감싸고 오므렸다 폈다 하는 것을 반복한다. 딸랑이와 같은 놀잇감을 손에 쥐고 연습할 수도 있다.

영아가 깨어 있는 시간에 반복적으로 연습함으로써 영아의 손 근육을 발달시켜 줄 수 있다.

◎ 고려사항

뇌성마비 영아의 경우는 놀잇감을 움켜쥐고 있는 파악반사를 나타내는 경우가 많으므로 재활의학과 전문의와 상의해서 적절한 물리치료와 작업치료를 받도록 한다.

◎ 목표행동 성취기준

영아는 대부분의 시간 동안 손을 움켜쥐고 있기보다 완전히 펴고 있거나 느슨하게 펴고 있다.

6. 목표행동

손에 놀잇감을 쥐어 주면 30초 정도 쥔다.

◎ 목표행동 성취의 중요성

한참 동안 손에 놀잇감을 쥐고 있는 것은 손의 움직임을 조절하는 힘이 강해져야만 가능한 발달과정이다. 손에 물체를 쥐게 되면 물체의 특성을 파악할 수 있는데, 이는 물체조작의 기초 과정으로서 중요한 역할을 한다.

◎ 자료

딸랑이, 고리

◎ 목표행동 성취를 위한 단계적 지도과정

- **step 1** 주양육자는 영아의 손에 딸랑이를 놓는다.
- **step 2** 주양육자는 딸랑이를 그냥 올려 놓지 말고 딸랑이로 영아의 손바닥을 툭툭 치면서 놓아 본다.
- **step 3** 영아가 손으로 쥐지 않으면 주양육자는 영아의 손을 감싸 딸랑이를 꼭 쥐도록 힘을 준다.

◎ 일상생활에서의 지도과정

영아의 손에 쥐어 주는 놀잇감은 다양한 소리가 나는 것이 좋다. 딸랑이는 영아가 손으로 쥐기 쉽고 손에 쥘 때 소리가 나므로 영아의 관심을 끄는 데 효과적이다.

이 시기의 영아는 놀잇감을 주로 입에 넣고 탐색한다. 따라서 주양육자는 영아가 놀잇감을 입으로 충분히 탐색하게 한 후 빼내어 영아의 가슴 위에 올려놓는다. 이렇게 하면 영아가 다시 입으로 탐색하기 위해 가슴 위에 올려진 놀잇감을 손으로 쥐고 입으로 탐색하게 된다.

◎ 고려사항

영아에게 손으로 쥐기 쉬운 놀잇감을 준다. 예를 들면, 손잡이가 있는 딸랑이와 같이 기다란 원통 모양의 놀잇감이 잡기 쉽다. 손으로 쥐면 움푹 들어가는 삑삑이는 손으로 쥐는 힘을 조절할 수 있게 한다.

입에 넣어도 되는 안전한 놀잇감을 사용하며, 크기가 작은 놀잇감은 영아가 삼킬 위험이 있으므로 주의한다.

뇌성마비 영아의 경우는 놀잇감을 놓지 못하고 오랜 시간 쥐고 있으면 팔을 흔들어 주거나 손목을 구부려 주어 놓을 수 있게 한다.

시각장애 영아의 경우는 소리 나는 놀잇감을 사용하여 영아가 놀잇감이 손 위에 올려져 있다는 것을 쉽게 알 수 있도록 한다. 주양육자는 영아의 손을 잡고 함께 딸랑이를 흔들며 놀이하는 경험을 영아가 충분히 하게 한 후 30초 정도 혼자 쥐고 있는지 관찰한다. 이때 사용하는 놀잇감은 잡기 어려운 너무 굵거나 짧은 것은 피한다.

◎ 목표행동 성취기준

영아는 놀잇감을 손으로 30초 이상 쥐고 있는 행동을 10회 시도 중 최소 8회 이상 보인다.

7. 목표행동

딸랑이와 고리를 쥐고 흔든다.

◎ 목표행동 성취의 중요성

영아는 물체를 손으로 잡는 것에서 더 발전하여 아직 손목을 움직이지는 못하더라도 팔 전체를 사용해서 물체를 움직일 수 있게 된다. 이는 영아가 딸랑이를 손에 쥐면 흔드는 것과 같이, 물체의 기능에 따라 손을 적절하게 사용할 수 있음을 의미한다.

◎ 자료

딸랑이, 고리

◎ 목표행동 성취를 위한 단계적 지도과정

- **step 1** 주양육자는 영아 앞에서 딸랑이를 흔들며 과장된 얼굴 표정과 목소리로 "딸랑딸랑" 하고 소리를 낸다.
- **step 2** 영아가 딸랑이를 잡지 않으면 영아의 손에 딸랑이를 쥐어 주고, 주양육자가 손을 흔드는 시늉을 하며 "딸랑딸랑" 하고 소리를 낸다. 영아가 딸랑이를 쥐고도 흔들지 않으면, 주양육자가 영아의 손을 잡고 흔들어 준다.
- **step 3** 주양육자는 영아의 팔꿈치를 가볍게 움직여 딸랑이를 흔들도록 도와준다.
- **step 4** 영아의 손목에 방울을 달아서 영아 자신이 움직일 때마다 소리가 난다는 사실을 인식하도록 지도한다.

◎ 일상생활에서의 지도과정

손에 쥐고 흔들면 소리가 나는 놀잇감을 자주 준다. 예를 들어, 딸랑이를 주면 손에 쥘 때 소리가 나므로 영아의 관심을 끌 수 있다.

◎ 고려사항

장애 정도에 따라 영아가 놀잇감을 잡기 쉽도록 고려하여 손잡이, 재질, 크기 등을 변형하거나, 소리를 넣어 주거나, 색을 선명하게 한다.

◎ 목표행동 성취기준

영아는 딸랑이나 고리를 스스로 손에 쥐거나 주양육자가 쥐어 주었을 때 자발적으로 흔드는 행동을 10회 시도 중 최소 8회 이상 보인다.

8. 목표행동

'잼잼잼' 같은 손가락 놀이를 할 때 손을 쥐었다 폈다 한다.

◎ 목표행동 성취의 중요성

영아는 물건이 손에 닿으면 반사적으로 움켜잡다가, 점차 물체를 만지는 것을 인식하여 손을 쥐었다 폈다 하는데 이는 자신의 의도대로 손의 움직임을 조절할 수 있음을 의미한다.

◎ 자료

딸랑이

◎ 목표행동 성취를 위한 단계적 지도과정

step 1 주양육자는 영아의 손에 딸랑이를 놓는다.

step 2 영아가 손으로 쥐지 않으면, 주양육자가 영아의 손을 감싸 영아가 딸랑이를 꼭 쥐도록 힘을 준다.

step 3 주양육자는 딸랑이를 그냥 올려놓지 말고 딸랑이로 영아의 손바닥을 툭툭 치면서 놓아 본다.

step 4 주양육자가 약간 힘을 주어 영아의 손목을 잡으면 영아는 잡고 있던 딸랑이를 대부분 놓는다.

step 5 이때 딸랑이가 떨어지면서 딸랑거리는 소리를 내게 되면 영아의 흥미를 끌 수 있다.

step 6 주양육자는 영아가 딸랑이를 손으로 쥐었다 펴서 놓치는 것을 반복하게 한다.

◎ 일상생활에서의 지도과정

주양육자는 영아와 마주 보고 손을 쥐었다 폈다 하면서 '잼잼잼' 놀이를 한다. 천천히 하기도 하고 빠르게 하기도 하면서 속도를 조절한다. 영아가 손을 쥐었다 폈다 하면 칭찬하면서 껴안아 준다. 그러나 아직 이 시기의 영아는 여러 번 손을 쥐었다 폈다 하기는 힘들기 때문에 '잼잼잼' 놀이를 원활하게 하기는 어렵다는 점에 유의한다.

◎ 고려사항

뇌성마비 영아의 경우는 이 행동을 하기가 어려우므로 손바닥에 자극을 주고 주양육자가 도움을 주어 쥐었다 폈다 하는 동작을 반복하도록 한다.

시각장애 영아의 경우는 일상생활 중 주양육자가 영아의 손을 감싸 손을 쥐었다 펴는 동작을 하고, 이와 동시에 "잼잼잼" 하고 소리를 내 주며 손을 사용하는 연습을 할 수 있도록 한다.

◎ 목표행동 성취기준

의도적으로 손을 쥐었다 폈다 하는 행동을 영아는 하루 일과 중 최소 5회 이상 보인다.

02 월령: 4~6개월

1. 목표행동

앉은 자세로 안고 있거나 엎드려 놓았을 때, 자신의 손가락을 쥐거나 만지작거린다.

◦ 목표행동 성취의 중요성

이 시기의 영아는 양손을 함께 모을 수 있는데, 이는 양손을 동시에 사용하는 데 기본이 되는 중요한 과정이다. 또한 손이나 발 등 자신의 신체에 관심을 보이고 탐색을 시작하면서 시지각 발달뿐만 아니라 손의 움직임을 통한 소근육 운동 기술의 발달을 촉진시킬 수 있다.

◦ 자료

손목에 찰 수 있는 리본이나 방울

◎ 목표행동 성취를 위한 단계적 지도과정

step 1 주양육자는 영아의 손을 주먹 모양으로 쥐도록 하여 감싸 잡고, 영아의 눈앞에 가져간다.

step 2 영아의 손가락을 모두 펴게 하고, 영아의 눈앞에 가져간다.

step 3 주양육자가 영아와 마주 보고 영아의 손을 주양육자의 볼에 가져가 비비게 한다.

step 4 영아의 손을 자신의 볼에 가져가 비비게 한다. 이러한 과정을 통해 영아가 자신의 손을 볼 수 있도록 할 수 있다.

step 5 영아의 손가락이나 손목에 밝은색의 방울이 부착된 리본을 단다.

step 6 영아가 손을 쳐다보지 않으면, 주양육자는 손을 흔들어 주면서 "○○야, 이것 봐, 여기 리본이 달려 있네, 딸랑딸랑 소리 들어 봐." 하고 말한다.

◎ 고려사항

뇌성마비 영아의 경우는 이 시기에 자신의 손가락을 쥐거나 만지는 것이 어렵다. 이러한 영아는 재활의학과의 진단하에 물리치료와 작업치료를 병행하여 손 근육을 기르도록 한다.

시각장애 영아의 경우는 손이나 발을 박수 치듯이 부딪혀 보는 경험을 제공하여 소리 자극, 촉각 자극을 동시에 경험하고 자신의 신체에 대해 인식하도록 지도한다. 또한 자신의 신체뿐 아니라 다른 사람의 신체도 많이 만져 볼 수 있게 한다.

◎ 목표행동 성취기준

영아를 앉은 자세로 안고 있거나 엎드려 놓았을 때, 스스로 자신의 손가락을 쥐거나 만지작거리는 행동을 하루 일과 중 최소 5회 이상 보인다.

2. 목표행동

손에 놓인 물건을 의도적으로 잡는다.

◎ 목표행동 성취의 중요성

이 시기의 영아는 물건을 반사적으로 잡는 것이 아니라 물건에 주목하고 의도적으로 잡을 수 있게 된다. 손으로 물체를 잡게 되면 물체의 특성을 파악할 수 있는데 이는 물체조작의 기초 과정으로서 중요한 역할을 한다.

◎ 자료

딸랑이, 고리, 삑삑이(손으로 누르면 움푹 들어가면서 소리가 나는 놀잇감), 영아가 좋아하는 잡기 쉬운 놀잇감

◎ 목표행동 성취를 위한 단계적 지도과정

step 1 주양육자는 영아에게 딸랑이를 흔들면서 보여 주어 영아의 주의를 끌어낸다.

step 2 주양육자는 영아의 손에 딸랑이를 놓는다.

step 3 영아가 손으로 쥐지 않으면 주양육자는 영아의 손을 감싸 딸랑이를 꼭 쥐도록 힘을 준다.

step 4 주양육자는 딸랑이를 그냥 올려 놓지 말고 딸랑이로 영아의 손바닥을 툭툭 치면서 놓아 본다.

step 5 주양육자는 여러 번 반복하여 영아가 주양육자의 도움 없이 의도적으로 딸랑이를 잡는지 살펴본다.

step 6 주양육자는 다양한 크기와 모양, 무게, 질감 등을 가진 놀잇감을 이용하여 영아가 각 놀잇감의 특성을 파악할 수 있도록 지도한다.

step 7 주양육자는 영아가 놀잇감을 잡으면 "우리 ○○, 참 잘했어요." 하고 칭찬해 준다.

◎ 일상생활에서의 지도과정

손에 쥐면 소리가 나는 놀잇감을 자주 준다. 예를 들어, 딸랑이나 삑삑이를 주면 손에 쥘 때 소리가 나므로 영아의 관심을 끌 수 있다.

이 시기의 영아는 놀잇감을 주로 입에 넣고 탐색한다. 따라서 주양육자는 영아가 놀잇감을 입으로 충분히 탐색하게 한 후 입에서 빼내어 영아의 가슴 위에 올려놓는다. 이렇게 하면 영아가 다시 입으로 탐색하기 위해 가슴 위에 올려진 놀잇감을 손으로 쥐고 입으로 탐색하게 된다.

◎ 고려사항

영아에게 손으로 잡기 쉬운 놀잇감(잡기 쉬운 다양한 크기, 모양, 무게, 질감 등을 가진 놀잇감)을 준다. 예를 들면, 손잡이가 있는 딸랑이와 같이 기다란 원통 모양의 놀잇감이 잡기 쉽다. 손으로 쥐면 움푹 들어가는 삑삑이는 손으로 쥐는 힘을 조절할 수 있게 한다.

뇌성마비 영아의 경우는 쥐는 힘의 조절을 하기가 어려우므로 손으로 잡을 수 있게 놀잇감과 손에 찍찍이를 붙여 주어 놀잇감을 쉽게 놓치지 않도록 해 준다.

시각장애 영아의 경우는 소리 나는 놀잇감을 사용하여 영아가 놀잇감이 손 위에 올려져 있다는 것을 쉽게 알 수 있도록 한다. 주양육자는 영아의 손을 잡고 함께 딸랑이를 흔들며 놀이하는 경험을 영아가 충분히 하게 한 후 30초 정도 혼자 쥐고 있는지 관찰한다. 이때 사용하는 놀잇감은 잡기 어려운 너무 굵거나 짧은 것은 피한다.

◎ 목표행동 성취기준

영아는 손에 올려진 놀잇감을 의도적으로 움켜잡고 적어도 5초 동안 놓지 않는 행동을 10회 시도 중 최소 8회 이상 보인다.

3. 목표행동

엎드린 자세에서 가까이에 있는 놀잇감을 향해 손을 뻗어 잡는다.

◎ 목표행동 성취의 중요성

영아는 근처에 있는 놀잇감을 보고, 손을 뻗어 잡는 행동을 통해 눈과 손의 협응력을 발달시킬 수 있다. 또한 주변 환경의 사물을 더 많이 적극적으로 탐색할 수 있게 된다.

◎ 자료

영아가 좋아하는 놀잇감(예: 공, 딸랑이, 손인형, 작은 풍선, 자동차)

◎ 목표행동 성취를 위한 단계적 지도과정

step 1 주양육자는 영아가 손을 뻗어 쉽게 닿을 수 있는 정도의 거리에 영아가 좋아하는 놀잇감을 놓아 두고, 영아가 손을 뻗어 잡는지 관찰한다.

step 2 주양육자는 놀잇감의 소리를 들려주거나, "○○야, 여기 봐!" 하며 영아가 관심을 갖도록 유도한다.

step 3 영아가 잡지 못하면 주양육자는 영아의 손에 놀잇감을 잠깐 쥐어 주었다가 다시 바닥에 놓는다.

step 4 영아가 손을 뻗지 않으면 주양육자는 놀잇감을 조금 더 영아 쪽 가까이에 놓아 준다. 영아가 엎드려 있을 경우에는 상체에 체중이 많이 실려 손을 내밀기 어려울 수 있으므로, 가슴에 수건을 받쳐 주거나 주양육자가 영아의 상체를 한쪽으로 기울여 체중을 한쪽으로 실어 주어 영아가 한쪽 손을 내밀기 쉽게 해 준다.

step 5 만약 영아가 손을 뻗지 않으면 주양육자가 영아의 손을 잡고 놀잇감이 있는 쪽으로 이끌어 잡게 해 준다.

step 6 다양한 놀잇감으로 위의 과정을 반복하여 영아가 흥미를 가지도록 유도한다.

◎ 일상생활에서의 지도과정

영아의 주위에 다양한 크기와 색깔, 모양, 촉감, 소리 등을 가진 놀잇감을 놓아두고 영아가 충분히 탐색하도록 해 준다.

목욕할 때 욕조의 물 위에 놀잇감(예: 공)을 띄워 놓고, 영아가 흥미를 가지고 팔을 뻗어 잡도록 해 본다.

◎ 고려사항

시각장애나 청각장애 영아의 경우는 크거나 더 밝은색의 놀잇감을 선택하여 자극을 강화시켜 준다. 영아가 엎드린 자세에서 바닥에 있는 물체를 집어 입에 넣을 수 있으므로 영아를 혼자 두지 않도록 한다.

뇌성마비 영아의 경우는 엎드린 자세에서 손을 뻗는 데 어려움이 있으므로 옆으로 누운 자세에서 팔을 뻗어 놀잇감을 만지도록 한다. 팔을 뻣뻣하게 뻗는 뇌성마비 영아의 경우는 주양육자가 영아의 어깨를 감싸 주어 손이 놀잇감으로 자연스럽게 향하도록 한다. 억지로 영아의 손을 잡고 잡아당겨 놀잇감에 손을 대 주지 않도록 한다.

시각장애 영아의 경우는 소리 나는 놀잇감을 사용하여 주양육자가 함께 잡고 흔들어 보는 놀이를 한다. 그 후 놀잇감 소리를 들려주었을 때 영아가 소리 나는 쪽으로 팔을 뻗는지 확인한다. 일상생활에서는 주양육자가 다양한 소리를 내면서 영아와 신체 접촉을 해서 소리와 물체를 하나의 개념으로 인식하도록 하면 영아가 소리 나는 쪽으로 팔을 뻗는 행동을 하도록 유도할 수 있다.

◎ 목표행동 성취기준

영아는 엎드린 자세에서 손이 닿을 정도의 거리에 좋아하는 놀잇감이 있을 때 손을 뻗어 잡는 행동을 10회 시도 중 최소 8회 이상 보인다.

4. 목표행동

놀잇감을 집어들 때 놀잇감을 손 가운데에 놓고 손가락으로 감싸 쥔다.

◎ 목표행동 성취의 중요성

이 시기의 영아는 물건을 손바닥 가운데 놓고 손가락 전체를 이용하여 감싸 쥐는 잡기 형태를 보이는데 이를 통해 다양한 크기와 모양, 질감, 무게를 가진 물건을 탐색하고 조작해 볼 수 있게 된다. 나아가 손가락 전체로 감싸 쥐기는 이후 더 정교한 잡기 형태(예: 손가락 끝으로 물건 집어올리기, 크레용이나 숟가락 잡기)를 위한 기초가 된다.

◎ 자료

영아의 한 손 안에 들어갈 정도 크기의 놀잇감(예: 천으로 된 놀잇감이나 작은 공, 삑삑이, 레고, 천으로 만든 소꿉 놀잇감, 고리)

목표행동 성취를 위한 단계적 지도과정

step 1 주양육자는 영아 앞에 놀잇감을 놓아 두고 영아가 충분히 탐색하도록 한 후, 바닥에 놓인 놀잇감을 자신의 손바닥에 닿게 한 다음 다섯 손가락 모두 오므려 감싸 쥐는 것을 보여 주고, 잠시 놀잇감을 뒤로 감춘다.

step 2 주양육자는 다시 놀잇감을 보여 주면서 "여기 다시 나왔네."라고 말한 후 영아 앞에 놓는다.

step 3 주양육자는 영아의 손을 가볍게 톡톡 치면서 "○○가 잡아 봐."라고 말한다.

step 4 영아가 잡으려고 하지 않으면, 주양육자가 영아의 손을 펼쳐 놀잇감에 손바닥이 닿도록 하고, 다섯 손가락을 오므리도록 감싸 준다. 또는 영아의 손바닥에 놀잇감을 톡톡 치면서 올려놓은 다음 영아가 손가락을 오므려 감싸 쥐도록 유도한다.

일상생활에서의 지도과정

놀잇감을 상자 안에 넣어, 영아 앞에 두면 영아는 상자 안에 손을 넣어 놀잇감을 쉽게 손 전체로 감싸 쥘 수 있다.

손에 쥐면 소리가 나는 놀잇감을 주면 도움이 된다. 예를 들어, 삑삑이를 주면 손에 쥘 때 소리가 나므로 영아의 흥미를 끌 수 있다.

고려사항

손으로 쥐기 쉬운 놀잇감을 준다. 예를 들어, 손으로 쥐면 움푹 들어가는 삑삑이는 손으로 쥐는 힘을 조절할 수 있게 한다.

영아가 손으로 쥘 수 있는 알맞은 크기의 놀잇감을 준비하여 좌절감을 느끼지 않고 쉽게 성공할 수 있도록 배려한다.

시각장애 영아의 경우는 소리 나는 놀잇감을 사용하여 영아가 놀잇감이 손 위에 올려져 있다는 것을 쉽게 알 수 있도록 한다. 또한 주양육자는 영아의 손을 감싸서 함께 놀잇감을 잡고 흔들며 충분히 놀이한 후 영아의 손바닥 위에 놀잇감을 놓아 주고 영아가 혼자 놀잇감을 들고 놀이하는지 살펴본다.

뇌성마비 영아의 경우는 엄지근육이 뻣뻣하거나 엄지가 손바닥 안쪽으로 구부러져 주먹을 꽉 쥐고 손을 잘 벌리지 못하므로 주양육자가 영아의 엄지를 잡고 천천히 벌려 주어 놀잇감을 잡도록 해 준다. 그리고 영아가 충분한 휴식을 취하고 편안한 상태에서 연습을 하도록 한다.

◎ 목표행동 성취기준

영아는 한 손으로 바닥에 놓여 있는 주먹 크기의 놀잇감을 손바닥에 닿게 한 다음 다섯 손가락을 모두 오므려 감싸 쥐는 행동을 10회 시도 중 최소 8회 이상 보인다.

5. 목표행동

보통 한쪽 손만을 사용하여 큰 놀잇감을 집는다.

◎ 목표행동 성취의 중요성

이 시기의 영아는 물건을 잡을 때 주로 한 손으로만 잡는다. 영아가 손으로 물건을 쥐게 되면서 다양한 크기와 모양, 질감, 무게를 가진 물건을 탐색하고 조작해 볼 수 있게 된다.

◎ 자료

영아가 한 손으로 쉽게 잡을 수 있는 정도 크기의 놀잇감(예: 공, 모형 자동차,

모형 과일)

◎ 목표행동 성취를 위한 단계적 지도과정

step 1 주양육자는 영아 앞에 놀잇감을 놓아 둔다.

step 2 영아가 충분히 탐색하도록 한 후, 주양육자는 영아의 한쪽 손에 놀잇감을 쥐어 준다.

step 3 영아가 두 손으로 잡으려고 하면 나머지 한쪽 손에 다른 놀잇감을 쥐어 주거나 또는 양육자가 영아의 다른 한 손을 잡은 상태에서 연습하도록 한다.

◎ 일상생활에서의 지도과정

손에 쥐면 소리가 나는 놀잇감을 자주 준다. 예를 들어, 딸랑이나 삑삑이를 주면 손에 쥘 때 소리가 나므로 영아의 관심을 끌 수 있다.

◎ 고려사항

손으로 쥐기 쉬운 놀잇감을 준다. 예를 들어, 손으로 쥐면 움푹 들어가는 삑삑이는 손으로 쥐는 힘을 조절할 수 있게 한다.

뇌성마비 영아의 경우는 쥐는 힘이 약하므로 놀잇감에 찍찍이를 부착하여 영아의 손에 묶어 주어 영아가 쥐는 경험을 하도록 한다.

시각장애 영아의 경우는 다양한 촉감의 놀잇감과 다양한 소리가 나는 놀잇감을 사용하여 동일한 방법으로 지도한다.

◎ 목표행동 성취기준

영아는 한쪽 손만을 이용하여 큰 놀잇감을 떨어뜨리지 않고 집어드는 행동을 10회 시도 중 최소 8회 이상 할 수 있다.

6. 목표행동

양손에 하나씩 물건 2개를 쥔다.

◎ 목표행동 성취의 중요성

영아가 양손에 물건을 하나씩 쥐는 것은, 양손이 각각 물건의 모양과 특성에 적합하게 쥘 수 있도록 손 근육과 힘 조절 능력이 향상되었다는 점에서 중요한 의미를 지닌다.

◎ 자료

영아가 좋아하는 놀잇감(예: 딸랑이, 삑삑이, 작은 공, 블록)

◎ 목표행동 성취를 위한 단계적 지도과정

step 1 주양육자는 영아가 좋아하는 놀잇감 2개(예: 딸랑이, 삑삑이)를 동시에 보여 준다.

step 2 주양육자는 영아가 관심을 가지고 손을 뻗으면 먼저 딸랑이만 주어서 한 손으로 쥐고 있도록 하고, 삑삑이에도 손을 뻗으면 다른 손에 쥐어 준다.

step 3 이때 이미 딸랑이를 쥐고 있는 손을 뻗으면, 주양육자는 영아의 나머지 손을 가리키면서 "이 손 주세요."라고 말하여, 영아가 양손으로 하나씩 물건을 쥘 수 있도록 유도한다.

step 4 주양육자는 레고 두 개를 연결하여 영아가 양손으로 쥐도록 해 주고, 양손을 당겨 연결된 레고를 분리시키도록 한다.

step 5 영아가 잘 잡아당기지 못하면, 주양육자는 영아의 손을 잡고 힘을 주어 레고가 서로 떨어지도록 한다. 이렇게 하면 자연스럽게 한 손으로는 레고 하나를 쥐고 다른 손으로 나머지 레고를 쥐게 된다.

◎ 일상생활에서의 지도과정

영아에게 놀잇감을 줄 때 영아가 좋아하는 놀잇감을 여러 개 동시에 주면, 영아가 한 손에 하나씩 물건 2개를 잡아 쥘 수 있다.

◎ 고려사항

뇌성마비 영아의 경우는 쥐는 힘이 약하므로 놀잇감에 찍찍이를 부착하여 영아의 양손에 묶어 주어 영아가 쥐는 경험을 하도록 한다. 불수의적인 움직임으로 인해 영아가 놀잇감으로 자신의 얼굴을 때리지 않도록 주의한다.

시각장애 영아의 경우는 다양한 촉감의 놀잇감과 다양한 소리가 나는 놀잇감을 사용하여 동일한 방법으로 지도한다.

◎ 목표행동 성취기준

영아는 양손에 하나씩 서로 다른 물건 2개를 적어도 5초 이상 쥐는 행동을 10회 시도 중 최소 8회 이상 보인다.

7. 목표행동

엄지와 다른 손가락을 이용하여 물체를 잡는다.

◎ 목표행동 성취의 중요성

물체를 잡을 때 손 전체로 잡지 않고, 엄지를 벌리고 엄지와 다른 손가락을 사용하여 물체를 잡는 것은 손가락과 손의 힘을 조절하는 능력이 있어야 가능한 발달과정이며, 이를 통해 눈과 손의 협응력도 더욱 정교해진다. 아직 영아는 세 손가락으로 잡기(엄지와 검지, 중지)나 집게 잡기(엄지와 검지)는 어려우며, 엄지와 다른 손가락 모두를 이용한다.

◎ 자료

작은 크기의 놀잇감(예: 블록, 공)

◎ 목표행동 성취를 위한 단계적 지도과정

- **step 1** 주양육자는 자신의 손 위에 블록을 올려놓고 엄지 손가락과 다른 손가락으로 감싸 잡고 집어올리는 것을 보여 준다.
- **step 2** 영아가 손가락으로 잡지 않고 손 전체로 잡으려고 하면, 주양육자는 영아의 엄지에 블록이 닿도록 가져간다. 또는 주양육자가 엄지와 검지로 블록을 잡고, 영아의 엄지와 다른 손가락 사이에 블록을 넣어 준다.
- **step 3** 주양육자는 영아가 성공하지 못하더라도 좌절하지 않도록 격려하며, 어려워하면 손바닥 전체로 잡도록 내버려 두고, 몇 주 후 다시 시도해 본다.

○ 일상생활에서의 지도과정

검지로 가리키기 또는 찌르기를 먼저 연습하면, 손가락을 사용하는 것이 더 쉬워질 수 있다. 예를 들어, 그림책을 보면서 손가락으로 가리키기를 연습할 수 있다. 주양육자는 영아가 아직 단어를 모르더라도 "고양이 어디 있니?"라고 말하면서 검지로 고양이를 가리키는 것을 보여 주면서, 영아도 손가락으로 가리켜 보도록 훈련시킨다. 또 다른 예로, 밀가루 반죽 놀이를 하면서 검지로 반죽을 찔러 볼 수 있다. 영아가 처음에 어려워하면 주양육자가 영아의 손을 잡고 찌르는 것을 연습시킨다. 그 외에도 불을 끄고 켤 때 주양육자가 영아를 안고 손가락으로 스위치를 눌러 보게 할 수 있으며, 건반을 두드리게 할 수도 있다.

○ 고려사항

작은 물건은 영아가 삼킬 위험이 있으므로 영아 혼자 있을 때에는 작은 물건을 주지 않도록 하며, 손가락으로 물건을 집을 때에는 주양육자가 주의 깊게 살펴본다.

뇌성마비 영아의 경우는 근긴장도가 높아 엄지손가락을 잘 벌리지 못하고 잡지 않은 손도 같이 쥐는 움직임을 보이는 경우가 있으므로 엄지 쪽의 손바닥을 눌러 준다.

시각장애 영아의 경우는 손가락의 세분화된 운동을 발달시킬 수 있도록 눌렀을 때 소리가 나는 놀잇감을 사용한다. 주양육자가 영아의 손을 주먹 쥔 상태에서 엄지 혹은 검지, 중지 하나만 펴게 신체적 도움을 제공하여 함께 놀잇감을 눌러 소리 내는 놀이를 많이 해 본다.

○ 목표행동 성취기준

영아는 엄지와 다른 손가락을 이용하여(손바닥에 물건이 닿지 않아야 함) 주먹 크기보다 작은 물건을 잡는 행동을 10회 시도 중 최소 8회 이상 보인다.

8. 목표행동

옷을 붙잡거나 할퀸다.

◎ 목표행동 성취의 중요성

영아는 손힘이 강해지고 스스로 조절할 수 있게 되면서 옷을 붙잡거나 할퀴는 것과 같이 목적이 있는 행동을 할 수 있게 된다.

◎ 자료

주양육자가 입고 있는 옷, 머플러, 손수건 등

◎ 목표행동 성취를 위한 단계적 지도과정

step 1 주양육자는 스웨터나 머플러, 손수건, 영아의 이불 등을 이용하여 까꿍놀이를 한다. 영아가 누워 있는 상태라면 주양육자가 이불을 들고 주양육자와 영아 사이에 이불을 두었다가 아래로 내리며 "까꿍, ○○ 여기 있네."라고 말한다.

step 2 주양육자는 즐거운 분위기로 여러 번 반복하다가 이불을 아래로 내리지 않은 채로 잠시 기다린다.

step 3 주양육자는 영아가 팔을 뻗어 이불을 걷어 내리거나 할퀴는지 살핀다.

◎ 일상생활에서의 지도과정

목욕 시간에 영아가 목욕 타월을 잡고 탐색하도록 하여, 물건을 잡고 있는 것을 연습시킨다.

◎ 고려사항

뇌성마비 영아의 경우는 손을 뻗으려 하나 힘이 없어 물건을 붙잡지 못하고 양팔을 옆에서 휘젓는 행동을 보일 수 있다. 영아의 몸통 근육이 뻣뻣해질 수 있으므로 이때는 영아를 옆으로 눕히고 손이 앞으로 오게 해 주어 팔을 뻗는 연습을 먼저 하도록 한다.

시각장애 영아의 경우는 방울이 달린 손수건을 사용하여 주양육자가 손수건을 올리고 내리면서 영아가 방울 소리를 들을 수 있게 해 줌으로써 손수건을 붙잡거나 할퀴도록 동기화시킬 수 있다.

◎ 목표행동 성취기준

영아는 주양육자의 옷 또는 다른 물건을 붙잡거나 할퀴는 행동을 일주일 동안 5회 이상 보인다.

03 월령: 7~9개월

1. 목표행동

작은 물체들에 흥미를 느끼며, 집어서 입으로 가져간다.

◎ 목표행동 성취의 중요성

이 시기의 영아는 손가락으로 물체를 집을 수 있게 되면서 작은 크기의 물체에 관심을 보이게 된다. 주양육자는 영아에게 작은 크기의 물체를 집을 수 있는 기회를 많이 주어 손가락 힘을 조절하는 방법을 습득할 수 있도록 해 주는 것이 좋다. 또한 영아는 물체를 집어서 입에 넣음으로써 입(구강)에 대한 자극을 즐기고 입을 통해 탐색하게 되는데, 이러한 경험은 영아에게 만족감을 줄 수 있을 뿐만 아니라 물체의 특성을 파악하는 데 도움이 된다. 또한 입안에서 물체를 빨거나 씹는 것은 치아의 발달을 촉진할 수 있다.

◎ 자료

입에 넣고 빨 수 있는 작은 놀잇감(예: 천으로 된 인형이나 블록, 과일 모형, 고무 놀잇감, 과일 놀잇감, 컵, 블록), 핑거푸드(예: 아기용 과자)

◎ 목표행동 성취를 위한 단계적 지도과정

step 1 주양육자는 영아가 음식이나 놀잇감을 집어 입으로 충분히 탐색할 수 있도록 해 준다.

step 2 주양육자는 깨끗한 천으로 된 작은 인형을 영아에게 보여 주고 영아가 관심을 보이면 영아가 인형을 집을 수 있도록 해 준다.

step 3 영아가 잠시 탐색하게 하다가, 주양육자가 인형을 가져가서 등 뒤에 감추었다가 "○○야, 여기 있네!" 하면서 보여 준다.

step 4 영아가 인형을 향해 손을 뻗으면 주양육자가 인형을 내밀어 영아가 집을 수 있게 한다.

step 5 영아가 자연스럽게 입에 넣는지 보고, 그렇지 않으면 주양육자가 영아의 손을 잡고 입에 넣어 탐색해 보도록 한다.

step 6 주양육자는 입에 넣었을 때 입안에 넣었다 꺼냈다 하는 것을 반복하여 입으로 빠는 힘을 점차 강화시켜 준다.

◎ 일상생활에서의 지도과정

간식이나 식사 시간 때마다 영아가 손으로 잡을 수 있을 정도의 핑거푸드를 준비하여 영아가 스스로 먹도록 격려한다.

주양육자가 영아에게 핑거푸드를 먹여 주고, 그다음에는 영아가 주양육자에게 핑거푸드를 먹여 주는 것을 반복해 본다.

비스킷을 숨기고 찾는 놀이를 한다. 예를 들어, 주양육자가 컵을 뒤집어 그 안에 비스킷을 숨기면 영아가 찾아내어 먹을 수 있게 한다.

◎ 고려사항

영아가 혼자 있을 때는 질식 위험이 있으므로 작은 놀잇감이나 음식을 주지 않도록 하며, 주양육자가 주의 깊게 살펴본다.

입에 넣어도 되는 안전한 놀잇감을 사용하며, 영아가 주로 빨면서 놀이하는 놀잇감은 매일 소독, 세척하여 구강염이 발생하지 않도록 주의한다.

뇌성마비 영아의 경우는 작은 물체를 집어 손으로 가져가는 것이 매우 어려우므로 작은 물체를 집는 행동을 하기 전에 영아의 손을 잡고 입으로 가져가는 행동을 반복하여 손으로 느끼는 행동의 경험을 늘려 준다.

시각장애 영아의 경우는 영아의 손이 닿을 수 있는 곳에 영아가 좋아하는 핑거푸드를 준비해 두고 주양육자가 영아의 손을 함께 잡고 음식을 집어 입으로 가져가는 행동을 반복해서 이후 영아가 스스로 집어 입에 넣을 수 있도록 유도한다.

◎ 목표행동 성취기준

영아는 작은 물체를 집어 입으로 가져가는 행동을 하루 일과 중 최소 5회 이상 보인다.

2. 목표행동

손뼉을 친다.

◎ 목표행동 성취의 중요성

영아는 주양육자와 함께 짝짜꿍과 같은 손뼉치기 놀이를 많이 하는데, 손뼉치기 동작을 하기 위해서는 양손을 몸의 가운데를 향해 동시에 움직여 모으고, 손바닥을 펴서 서로 맞부딪칠 수 있어야 한다. 이런 놀이를 통해 자연스럽게 손과 팔을 움직이는 동작 훈련을 하고 동시에 주양육자와 신체적, 정서적으로 교류하며 안정감과 만족감도 얻을 수 있다.

◎ 자료

딱딱한 놀잇감 2개(예: 큰 사이즈의 레고 블록)

◎ 목표행동 성취를 위한 단계적 지도과정

step 1 주양육자는 영아의 양손에 레고를 하나씩 쥐어 준다.

step 2 주양육자가 먼저 레고를 치는 행동을 시범으로 보여 준다.

step 3 영아가 어려워하면 주양육자가 영아의 손을 잡고 도와준다.

step 4 영아가 양손에 잡고 있는 레고를 부딪치는 것에 익숙해지면, 레고 없이 손뼉치기 놀이를 하게 한다.

step 5 주양육자가 영아의 양손을 잡고 마주치며 "짝짜꿍" 하고 말하면서 놀이한다.

step 6 영아에게 "짝짜꿍 하자."라고 하면서 따라 해 보도록 유도하고, 영아가 따라 하면 칭찬해 주면서 껴안아 준다.

step 7 '짝짜꿍' 노래("짝짜꿍 짝짜꿍 엄마앞에서 짝짜꿍") 또는 '우리 모두 다 같이 손뼉을' 노래를 부르면서 위의 과정을 반복한다.

◎ 일상생활에서의 지도과정

평소에 도리도리(머리를 좌우로 흔드는 동작), 잼잼(손을 쥐었다 폈다 하는 동작), 곤지곤지(손바닥을 벌리고 다른 손의 검지를 펴서 찍는 동작)와 함께 짝짜꿍 놀이를 한다. 주양육자와 영아가 마주 보고 짝짜꿍 놀이를 하면 소근육 운동에도 도움이 되지만, 서로 눈을 마주치고 상호작용을 하는 기회를 가질 수 있다.

목욕시간에 비누거품을 두 손으로 터뜨리는 놀이를 하도록 한다.

기저귀를 갈거나 목욕 후에 로션을 바를 때, 로션 통과 파우더 통을 양손에 하나씩 쥐어 주어 부딪치게 한다.

◎ 고려사항

다른 사람의 동작을 모방할 수 있는 능력이 아직 발달되지 않았을 경우 손뼉치기를 모방하기 어려울 수 있다. 이는 소근육 협응 능력이 발달되지 않아서 생기는 문제가 아니므로 다른 유형의 소근육 발달을 눈여겨본다.

뇌성마비 영아의 경우는 주양육자가 영아의 양손을 같이 잡고 손뼉을 치는 놀이를 시도하여 양손의 움직임과 손바닥의 느낌을 경험하게 한다.

◎ 목표행동 성취기준

영아는 스스로 손뼉을 치는 행동을 하루 일과 중 최소 5회 이상 보인다.

3. 목표행동

다른 놀잇감을 잡기 위해 쥐고 있던 놀잇감을 놓는다.

◎ 목표행동 성취의 중요성

영아는 한 가지 놀잇감을 가지고 있을 때 다른 놀잇감을 보여 주면, 가지고 있던 놀잇감을 내려놓다가 점차 한 손에 2개의 놀잇감을 함께 쥘 수 있게 된다. 이러한 행동은 영아가 자신이 원하는 새로운 놀잇감을 갖기 위한 전략을 세우는 것과 관련되며, 물건을 잡고 놓는 연습을 통해 손 근육을 조절하는 능력을 키울 수 있게 된다.

◎ 자료

영아가 좋아하는 놀잇감(예: 공, 딸랑이, 손인형, 자동차)

◎ 목표행동 성취를 위한 단계적 지도과정

step 1 주양육자는 영아에게 놀잇감 1개(예: 공)를 주고 놀면서 탐색하게 한다.

step 2 주양육자는 잠시 후에 영아가 더 좋아하는 놀잇감(예: 자동차)을 제시한다. 대부분의 영아는 더 흥미 있는 놀잇감을 주면 먼저 쥐고 있던 것을 버린다.

◎ 일상생활에서의 지도과정

주양육자는 영아가 놀이하는 상황에서 다른 놀잇감을 제시해 본다. 영아에게 새로운 놀잇감을 주면서 영아가 손에 쥐고 있는 장난감은 "엄마(또는 선생님), 주세요."라고 말하면서 교환하는 것을 익히게 한다.

◎ 고려사항

두 번째 제시하는 놀잇감은 영아에게 매력적이거나 평소에 좋아하는 것이어야 한다. 소리 나는 놀잇감이 영아의 관심을 끌 수 있으며, 놀잇감이 아니더라도 영아가 좋아하는 과자를 이용하면 도움이 된다.

◎ 목표행동 성취기준

영아는 다른 놀잇감을 잡기 위해 쥐고 있던 놀잇감을 놓는 행동을 하루 일과 중 최소 5회 이상 보인다.

4. 목표행동

원하는 놀잇감을 1분 이상 쥔다.

◎ 목표행동 성취의 중요성

영아가 자신이 좋아하는 놀잇감을 손에 한참 동안 쥐고 있다는 것은 이전보다 더 자신의 의지대로 손을 움직일 수 있음을 의미한다. 또한 손에 쥐고 있는 동안 물체의 특성을 파악하고 느끼면서 물체를 조작할 수 있게 된다.

◎ 자료

딸랑이, 고리, 삑삑이(누르면 움푹 들어가면서 소리가 나는 놀잇감)

◎ 목표행동 성취를 위한 단계적 지도과정

step 1 주양육자는 영아에게 좋아하는 놀잇감을 보여 준다.

step 2 영아가 손으로 놀잇감을 잡지 않으면 주양육자는 영아의 손에 놀잇감을 쥐어 준다.

step 3 영아가 손으로 쥐지 않으면 주양육자는 놀잇각을 조작해 주면서 영아가 놀잇감에 흥미를 느끼고 쥐고 있도록 도와준다.

step 4 주양육자는 함께 쥐고 있다가 천천히 손을 뗀다.

○ 일상생활에서의 지도과정

손에 쥐면 소리가 나는 놀잇감을 자주 준다. 예를 들어, 딸랑이나 삑삑이를 주면 손에 쥘 때 소리가 나므로 영아의 관심을 끌 수 있다.

○ 고려사항

영아마다 놀잇감에서 나는 소리, 색, 촉감, 놀잇감 형태 등에서 다양한 선호도를 나타내므로 영아의 놀이 형태를 평소 관찰하여 놀잇감 선택에 참고한다.

뇌성마비 영아의 경우는 쥐고 있던 놀잇감을 손에서 계속 떨어뜨리면 잡기도구나 찍찍이를 부착한 놀잇감을 주어 손으로 쥐는 시간을 길게 유지하도록 한다.

시각장애 영아의 경우는 소리 나는 놀잇감을 사용하여 영아가 놀잇감이 손 위에 올려져 있다는 것을 쉽게 알 수 있도록 한다. 또한 주양육자가 영아의 손을 잡고 함께 딸랑이를 흔들며 충분히 놀이한 후 영아가 1분 정도 혼자 쥐고 있는지 관찰한다. 이때 사용하는 놀잇감은 잡기 어려운 너무 굵거나 짧은 것은 피한다.

○ 목표행동 성취기준

영아는 좋아하는 놀잇감을 스스로 집어서 1분 이상 쥐고 있는 행동을 하루 일과 중 최소 5회 이상 보인다.

5. 목표행동

놀잇감을 손으로 눌렀다 놓았다 해서 '삑삑' 소리를 낸다.

◎ 목표행동 성취의 중요성

삑삑이 놀잇감을 손으로 눌렀다 놓았다 하는 것은 손 또는 손가락으로 누르는 힘이 강해지고, 손힘을 조절할 수 있어야 가능한 발달과정이다. 인지적으로도 삑삑이 놀잇감을 누르면 '삑삑' 소리가 난다는 특성, 즉 원인과 결과의 관계를 알게 된다는 점에서 중요하다.

◎ 자료

삑삑이(누르면 움푹 들어가면서 소리가 나는 놀잇감)

◎ 목표행동 성취를 위한 단계적 지도과정

- **step 1** 주양육자는 영아에게 삑삑이를 보여 주고 관심을 유도한다.
- **step 2** 주양육자는 영아에게 삑삑이를 누르면 '삑삑' 소리가 나는 것을 보여 주면서 어떻게 가지고 노는지 알려 준다.
- **step 3** '삑삑' 소리를 길게 내었다가 짧게 내어 소리를 재미있게 느낄 수 있도록 해 준다.
- **step 4** 영아가 의도적으로 삑삑이를 누르거나 우연히 눌렀을 때, 주양육자는 과장된 표정을 지으면서 "우와, 삑삑 소리 나네." 하고 격려한다.

◎ 일상생활에서의 지도과정

영아의 손이 닿을 수 있는 거리에 삑삑이 등 다양한 놀잇감을 둔다. 예를 들어, 영아의 손이나 무릎 위, 발 근처에 삑삑이를 놓아 두어 영아가 자연스럽게 탐색할 수 있게 해 준다.

◎ 고려사항

처음에는 손만 대도 소리가 나는 부드러운 놀잇감부터 시작하여, 점차 손을 오므렸다 펴야만 소리가 나는 놀잇감을 준다.

시각장애 영아의 경우는 청각적 · 촉각적 자극이 중요하므로, 주양육자는 삑삑이를 함께 눌러 촉감을 느끼게 하고 삑삑 소리도 크게 나도록 한 후 영아가 스스로 해 보게 한다.

뇌성마비 영아의 경우는 삑삑이를 손으로 잡고 누르려고 하면 삑삑이가 손 안에서 흔들려 정확한 소리가 나지 않을 수 있으므로 삑삑이를 바닥에 놓아서 고정시킨 후 위에서 누른다.

◎ 목표행동 성취기준

영아는 삑삑이를 손으로 눌렀다 놓았다 하며 '삑삑' 소리를 내는 행동을 10회 시도 중 최소 8회 이상 보인다.

6. 목표행동

엄지와 검지를 이용하여 과자 조각이나 빵 조각을 집어든다.

◎ 목표행동 성취의 중요성

영아는 물체를 잡을 때 손 전체로 잡지 않고 점차 손가락을 이용할 수 있게 되는데 이는 손가락 힘과 손힘의 조절 능력과 눈과 손의 협응력의 정교함이 이루어져야 가능한 발달과정이다. 처음에는 세 손가락(엄지와 검지, 중지)으로 잡다가 점차 엄지와 검지로 집게 잡기를 할 수 있게 된다. 이때 정확히 엄지와 검지로 잡기보다는 주로 엄지와 검지 옆면 또는 손가락 끝이 아닌 중간으로 잡을 수도 있다.

◎ 자료

작은 놀잇감(예: 블록)이나 핑거푸드(예: 아기용 과자), 손 유희 노래 활동 자료 (예: '엄지 어디 있소')

◎ 목표행동 성취를 위한 단계적 지도과정

step 1 주양육자는 영아의 손이 쉽게 닿을 수 있는 곳에 접시를 놓고, 그 위에 과자 조각을 하나 올려 둔다. 접시 대신 주양육자의 손바닥 위나 폭신한 곳에 과자를 올려 두면 잡기가 더 쉽다.

step 2 영아가 엄지와 검지로 잡지 않고 손 전체로 잡으려고 하면 주양육자는 영아의 엄지에 과자 조각이 닿도록 가져간다.

step 3 주양육자는 엄지와 검지 사이로 과자 조각을 잡고, 영아가 엄지와 검지로 잡아 갈 수 있도록 한다.

step 4 영아가 성공하지 못하더라도 좌절하지 않도록 격려하며, 영아가 어려워하면 손바닥 전체로 잡도록 내버려 두고, 몇 주 후 다시 시도해 본다.

◎ 일상생활에서의 지도과정

식사 시간이나 간식 시간에 손으로 집어먹을 수 있는 핑거푸드를 주고 스스로 먹게 해 준다.

손 유희(예: '엄지 어디 있소')를 통해 각 손가락을 독립적으로 사용할 수 있도록 유도한다.

◎ 고려사항

크기가 작은 과자 조각이나 튀밥과 같은 음식은 질식 위험이 있으므로, 영아가 혼자 있을 때 주지 않도록 하며, 손가락으로 음식을 집을 때 주양육자가 주의 깊게 살펴본다.

아직 손가락을 독립적으로 사용할 수 없는 영아의 경우는 작은 물건을 잡게 하면 엄지손가락을 안쪽으로 구부리는 경향이 있으므로 엄지손가락이 펴진 상태로 유지되도록 물건을 엄지손가락 쪽에 놓아 준다.

뇌성마비 영아의 경우는 다른 영아보다 더 많은 연습시간이 필요하므로 주양육자가 인내심을 갖고 훈련을 시켜야 한다.

◎ 목표행동 성취기준

영아는 엄지와 검지만을 이용하여(손바닥에 조각이 닿지 않아야 함) 과자 조각이나 빵 조각을 떨어뜨리지 않고 집어드는 행동을 10회 시도 중 최소 8회 이상 할 수 있다.

04 월령: 10~12개월

1. 목표행동

물건을 가리킨다.

◎ 목표행동 성취의 중요성

영아는 물건을 가리킬 때 주로 나머지 다른 손가락은 주먹을 쥐거나 느슨하게 쥐고 검지를 펴서 뻗게 된다. 이는 손바닥 전체를 사용하던 영아가 검지를 사용하게 되고, 소근육 운동기술이 더 정교해지면서 다섯 개의 손가락을 각각 분리하여 독립적으로 움직여 사용할 수 있음을 보여 준다.

◎ 자료

성인의 손가락이 충분히 들어갈 정도 크기의 꽂기 판, 건반 악기, 손가락으로 누를 수 있는 놀잇감, 구멍 뚫린 책, 구멍을 뚫은 마분지, 세울 수 있는 작고 긴 통

(예: 롤 휴지심), 막대블록 등

○ 목표행동 성취를 위한 단계적 지도과정

step 1 주양육자는 구멍을 뚫은 하드보드지에 검지를 넣고, 영아가 보는 앞에서 마분지를 빙글빙글 돌린다.

step 2 영아가 관심을 보이면서 주양육자의 검지를 잡으려고 할 때, 주양육자는 검지를 빼서 영아가 구멍에 자기의 검지를 넣도록 유도한다.

step 3 스스로 검지를 세우는 것이 어려운 영아의 경우는 주양육자가 영아의 손을 감싸 쥐고 검지만 세우도록 도움을 준다.

step 4 영아 스스로 검지를 세울 수 있는 힘이 생기기 시작하면 도움을 줄여 나간다.

step 5 영아가 구멍에 검지를 넣으면 주양육자는 마분지를 빙글빙글 돌려 준다.

step 6 영아가 검지를 사용하는 연습을 충분히 한 다음에 어떤 놀잇감을 갖기를 원할 때, 주양육자는 "○○야, 저거 줄까?" 하면서 검지로 가리키는 것을 보여 주고 영아가 따라 하도록 유도한다.

○ 일상생활에서의 지도과정

꽂기 판이나 건반 악기, 손가락으로 누를 수 있는 놀잇감 등을 이용하면, 영아가 검지를 나머지 손가락과는 개별적으로 자유롭게 움직이도록 하는 데 도움이 된다.

일상생활에서 검지를 이용할 수 있도록 다양한 활동을 할 수 있다. 예를 들어, 그림책을 보면서 손가락으로 가리키기를 연습할 수 있다. 주양육자는 아직 영아가 단어를 모르더라도 "고양이 어디 있니?"라고 말하면서 검지로 고양이를 가리키는 것을 보여 주면서, 영아도 손가락으로 가리키도록 훈련할 수 있다. 가족 사진을 보면서 가족을 가리키기, 거울 보면서 가리키기도 도움이 된다. 주양육자의 손가락 끝과 영아의 손가락 끝이 만나도록 하는 이티놀이를 하거나, 손가락 끝에 서로 뽀뽀를 하는 놀이를 한다. 또는 막대블록을 일렬로 세우고 손가락 끝으로 쓰러뜨리는 놀이를 한다.

◎ 고려사항

뇌성마비 영아의 경우는 검지로 방향을 가리키기 어려우므로 엄지만 분리되어 있는 장갑 모양의 손싸개에 구멍을 뚫어 검지만 바깥으로 나오게 하여 가리키기를 지도한다.

시각장애 영아의 경우는 눌렀을 때 소리가 나는 놀잇감으로 주양육자와 함께 손가락 하나로 버튼을 누르는 연습을 충분히 하여 손가락을 독립적으로 사용하는 기술을 익힐 수 있도록 한다. 주양육자가 영아에게 소리 나는 놀잇감의 소리를 들려주고 "○○ 어디 있니?" 혹은 "○○ 찾아보자."라고 질문하면 영아가 손을 뻗어 물건을 가리키도록 주양육자가 영아의 팔을 잡고 여러 번 연습한다.

◎ 목표행동 성취기준

영아는 필요할 때 검지 끝으로 물건을 가리키는 행동을 하루 일과 중 최소 5회 이상 보인다.

2. 목표행동

각각의 손가락을 독립적으로 사용한다.

◎ 목표행동 성취의 중요성

소근육 운동기술이 정교해지면 영아는 다섯 개 손가락을 각각 독립적으로 움직여 사용할 수 있게 되는데, 이는 세련된 방법으로 물체를 쥐거나 조작할 수 있도록 한다.

◎ 자료

성인의 손가락이 충분히 들어갈 정도 크기의 꽂기 판, 건반 악기, 손가락으로 누를 수 있는 놀잇감, 구멍 뚫린 책, 구멍을 뚫은 마분지 등

◎ 목표행동 성취를 위한 단계적 지도과정

step 1 주양육자는 영아에게 나머지 손가락은 주먹을 쥔 채 검지로 꽂기 판에 넣었다가 빼는 것을 반복하여 보여 준다.

step 2 주양육자는 영아의 손을 잡고, 영아가 검지를 뻗게 한 후 함께 넣었다 빼 본다.

step 3 검지뿐만 아니라 나머지 손가락도 차례로 연습해 본다.

step 4 주양육자는 구멍을 뚫은 마분지에 검지를 넣고, 영아가 보는 앞에서 마분지를 빙글빙글 돌린다.

step 5 영아가 관심을 보이면서 주양육자의 검지를 잡으려고 할 때, 주양육자는 검지를 빼서 영아가 구멍에 자기의 검지를 넣도록 유도한다.

step 6 영아가 구멍에 검지를 넣으면 주양육자는 마분지를 빙글빙글 돌려 준다.

step 7 다섯 개의 손가락을 하나씩 차례로 연습해 본다.

◎ 일상생활에서의 지도과정

꽂기 판, 건반 악기, 손가락으로 누를 수 있는 놀잇감, 구멍 뚫린 책 등을 이용하면, 영아가 한 손가락을 나머지 손가락과는 개별적으로 자유롭게 움직이도록 하는 데 도움이 된다.

일상생활에서 다섯 개의 손가락을 이용할 수 있도록 다양한 활동을 할 수 있다. 예를 들어, 그림책을 보면서 손가락(검지)으로 가리키기를 연습할 수 있다. 주양육자는 아직 영아가 단어를 모르더라도 "고양이 어디 있니?"라고 말하면서 검지로 고양이를 가리키는 것을 보여 주면서, 영아도 손가락으로 가리키도록 훈련할 수 있다. 가족 사진을 보면서 가족을 가리키기, 거울 보면서 가리키기도 도움이 된다.

밀가루 반죽 놀이를 하면서 손가락으로 반죽을 찔러 볼 수 있다. 검지뿐만 아니라 다섯 개의 손가락으로 한 번씩 찔러 볼 수 있다. 영아가 처음에 어려워하면 주양육자가 영아의 손을 잡고 찌르는 것을 연습하게 한다. 또한 미술 활동으로 핑거 페인팅 놀이를 할 수 있다. 다섯 개의 손가락 모두에 물감을 묻혀 자유롭게 그림을 그리게 해 본다.

불을 끄고 켤 때에 주양육자가 영아를 안고 손가락으로 스위치를 눌러 보게 한다.

◎ 고려사항

뇌성마비 영아의 경우는 다섯 개의 손가락을 정확히 펴서 사용하기 어려우므로 다른 영아보다 더 많은 연습 시간이 필요하다. 그리고 근육의 정확한 움직임을 유도하기 위하여 작업치료사와 협의하에 영아에게 맞는 손가락 연습을 하도록 한다.

시각장애 영아의 경우는 눌렀을 때 소리가 나는 놀잇감으로 주양육자와 함께 손가락 하나로 버튼을 누르는 연습을 충분히 하여 손가락을 독립적으로 사용하는 기술을 익힐 수 있도록 한다. 점토를 활용하여 다섯 손가락으로 쥐어 보기, 각각의 손가락으로 찔러 보기 등의 활동을 하면 손가락의 독립적 사용을 익히는 데 도움이 된다.

◎ 목표행동 성취기준

영아는 손가락 각각을 독립적으로 사용하는 행동을 하루 일과 중 최소 5회 이상 보인다.

3. 목표행동

놀잇감 차를 손으로 민다.

◎ 목표행동 성취의 중요성

영아는 양손 또는 한 손을 사용하여 놀잇감 자동차를 움직일 수 있게 됨으로써 물체를 조작하고 다루는 것을 알게 된다. 또한 자동차를 밀면 굴러간다는 것을 알게 되어 원인과 결과 간의 관계를 알 수 있게 된다.

◎ 자료

큰 놀잇감 자동차

◎ 목표행동 성취를 위한 단계적 지도과정

step 1 주양육자는 영아가 좋아하는 자동차를 준비한다.

step 2 영아가 자동차를 미는 것을 잘 모르면 주양육자는 자동차를 미는 것을 먼저 보여 주고 함께 밀어 본다.

step 3 주양육자는 자동차를 손으로 밀어 앞으로 가는 것 외에도 영아가 자동차를 잡고 앞뒤로 밀어 보게 한다.

step 4 영아가 자동차 밀기에 익숙해지면 자동차에 물건을 싣고 미는 것을 연습하게 한다.

step 5 주양육자는 수시로 "붕붕" 하고 자동차 소리를 내 준다.

◎ 일상생활에서의 지도과정

자동차 외에도 공을 굴려 볼 수 있다. 주양육자와 영아가 마주 보고 앉아 먼저 주양육자가 영아에게 공을 굴려 준 다음 영아가 공을 잡아 다시 굴리도록 한다. 영아 앞에 놀잇감들을 세워 놓고 공을 굴려 넘어뜨리게 할 수 있다. 영아가 공을 굴릴 때 다른 방향으로 굴러갈 수 있으므로 처음에는 공이 굴러갈 수 있는 길을 이용하면 좋다(예: 실내용 미끄럼틀 위에서 아래로 굴리기).

◎ 고려사항

놀잇감 자동차는 다양하게 준비해 둔다(예: 승용차, 택시, 트럭, 버스).

뇌성마비 영아 경우는 손을 정확하게 사용하기 힘들 수 있으므로 이때는 손, 팔꿈치, 어깨, 고개, 발 등의 다른 신체 부분을 활용하여 자동차를 밀게 함으로써 자신감을 북돋아 주도록 한다.

시각장애 영아의 경우는 주양육자가 영아의 손을 잡고 함께 소리 나는 공을 미는 활동을 함으로써 영아가 공 소리를 들으면서 밀면 소리가 나고 물체가 이동한다는 것을 인식하도록 도와 손으로 미는 행동을 동기화시킨다.

◎ 목표행동 성취기준

영아는 자동차를 가지고 놀 때 손으로 미는 행동을 10회 시도 중 최소 8회 이상 보인다.

4. 목표행동

물건을 하나씩 차례로 집어 올리고, 그것을 떨어뜨렸다가 다시 집어 올린다.

◎ 목표행동 성취의 중요성

영아는 물건을 집어 올리고 떨어뜨리면서, 자신이 물건을 통제할 수 있다는 것을 배우게 된다. 특히 물건을 집어 올리는 것은 이후 더 정교한 집게 잡기를 하기 위한 중요한 과정이다.

◎ 자료

영아가 좋아하는 놀잇감(예: 레고, 자동차, 인형), 상자

◎ 목표행동 성취를 위한 단계적 지도과정

step 1 주양육자는 상자(또는 바구니) 위에서 놀잇감을 들고 있다가 상자 안으로 떨어뜨린다.

step 2 떨어뜨릴 때 주양육자는 과장된 표정을 지으면서 "쿵" 하고 말한다. 떨어뜨린 장난감을 집어서 다시 떨어뜨리는 활동을 반복한다.

step 3 주양육자는 영아 가까이에 놀잇감을 놓고 영아가 자신을 따라 하게 한다. 떨어질 때 소리 나는 놀잇감을 이용하면 도움이 되는데, 이때 장난감을 처음에는 한 개만 주어 영아가 장난감을 떨어뜨리고 난 뒤, 또 떨어뜨리고 싶은 생각에 자연스럽게 떨어뜨린 장난감을 집어 올리도록 유도한다.

◎ 일상생활에서의 지도과정

주양육자와 영아가 함께 번갈아 놀잇감을 집어 올리고 떨어뜨리는 놀이를 해본다. 예를 들어, 주양육자가 먼저 놀잇감을 집어 올렸다가 떨어뜨리면, 다음에는 영아에게 놀잇감을 집어 올렸다가 떨어뜨리도록 하는 식의 활동을 반복하면서 놀이를 통해 물건 집어 올리기에 흥미를 느낄 수 있도록 유도한다.

목욕할 때 욕조에서 물건을 집어 올리고 떨어뜨리는 놀이를 하면, 놀잇감이 물 위에 뜨기 때문에 영아가 집어 올리고 떨어뜨리는 활동을 더 재미있게 할 수 있다.

◎ 고려사항

바닥이나 탁자에 떨어졌을 때 깨지거나 부서지지 않는 놀잇감을 이용한다.

뇌성마비 영아의 경우는 가벼운 놀잇감을 집어 올리도록 하여 팔의 움직임을 키우게 한다.

시각장애 영아의 경우는 소리 나는 공, 방울 달린 손수건을 이용하여 동일한 방법으로 지도한다.

◎ 목표행동 성취기준

영아는 물건을 집어 올렸다가 떨어뜨리고 다시 집어 올리는 행동을 10회 시도 중 최소 8회 이상 보인다.

5. 목표행동
놀잇감을 떨어뜨리지 않고 의도적으로 내려놓는다.

◎ 목표행동 성취의 중요성

놀잇감을 떨어뜨리기 위해서는 손힘을 놓으면 되지만, 의도적으로 내려놓기 위해서는 팔을 뻗어 놀잇감을 탁자나 바닥 위에 올려놓고 손을 놓을 수 있어야 한다. 또한 놀잇감의 크기와 무게에 따라 내려놓을 때 손힘을 조절할 수 있어야 한다. 뿐만 아니라 이러한 행동을 영아의 놀이가 단순한 놀이에서 의미 있는 놀이로 전환되면서 스스로 목적의식이 생기는 것을 의미한다.

◎ 자료

영아가 좋아하는 놀잇감(예: 레고, 블록, 딸랑이), 식사도구(예: 컵, 숟가락, 포크, 접시, 그릇)

◎ 목표행동 성취를 위한 단계적 지도과정

step 1 영아가 손에 놀잇감을 쥐고 있을 때, 주양육자는 손바닥을 내밀면서 "엄마(또는 선생님)한테 주세요."라고 말한다.

step 2 주양육자는 영아가 쥐고 있던 놀잇감을 주양육자의 손 위에 내려놓으면 칭찬해 주면서 안아 준다.

step 3 그다음 주양육자는 영아에게 놀잇감을 바닥에 놓으라고 해 본다.

◎ 일상생활에서의 지도과정

식사 시간에 영아에게 플라스틱 컵을 주어 스스로 컵을 들어 올렸다가 내려놓는 것을 연습할 수 있도록 한다. 주양육자가 숟가락이나 포크, 접시, 그릇 등의 식사도구를 주면 영아가 하나씩 받아서 자기 앞에 내려놓는 것을 연습할 수 있다.

◎ 고려사항

영아가 아직 손힘을 잘 조절하지 못할 수 있으므로 바닥이나 탁자에 내려놓을 때 깨지거나 부서지지 않는 물건을 이용한다. 놀잇감의 종류를 선택할 때, 일정한 형태가 유지되고 잡기 편하게 손잡이나 보조 장치가 있는 것으로 선택한다.

손힘이 약한 영아의 경우는 가볍고 한 손으로 쥘 수 있는 것부터 시작해서 크기와 무게를 점차 늘려 나가며, 영아가 크기와 무게에 따라 한 손 또는 두 손으로 잡아 바닥에 내려놓을 수 있도록 지도한다.

손힘은 있으나 물건을 던지려고만 하는 영아의 경우는 주양육자가 영아와 함께 물건을 잡고 "내려놓자."라고 하면서 바닥에 내린 후, 영아의 손을 잠시 동안 지그시 바닥 쪽으로 눌러 그 자세를 유지하게 한다.

시각장애 영아의 경우는 한 손으로 물건을 잡고 다른 한 손으로는 물건을 내려놓을 곳을 만지도록 하여 영아가 물건을 어디에 놓아야 하는지 알게 한 후 주양육자가 함께 물건 내려놓기를 연습한다.

◎ 목표행동 성취기준

영아는 놀잇감을 떨어뜨리지 않고 탁자나 바닥 위에 내려놓는 행동을 10회 시도 중 최소 8회 이상 할 수 있다.

6. 목표행동

컵에 작은 물건을 서너 개 이상 넣었다가 뺀다.

◎ 목표행동 성취의 중요성

영아는 물건을 집어 올리고 놓음으로써 사물을 한층 더 정교하게 조작할 수 있다. 특히 컵과 같은 제한된 공간에서 물건을 넣고 빼는 활동은 손의 움직임을 조절하는 능력을 발달시킬 수 있으며 공간개념을 형성하는 데 도움이 된다.

◎ 자료

작은 크기의 놀잇감(예: 주사위, 블록, 촉감볼), 컵

◎ 목표행동 성취를 위한 단계적 지도과정

step 1 주양육자는 영아 앞에 플라스틱 컵과 작은 크기의 블록 3~4개를 둔 다음 영아가 볼 수 있게 블록을 하나씩 집어 올려 컵에 넣는다.

step 2 주양육자는 컵을 비우고 영아가 블록을 집어 올려 넣어 보게 한다. 영아가 어려워하면, 컵 입구가 더 넓은 것으로 시도한다.

step 3 주양육자가 영아의 손목을 잡고 컵 가장자리에 손목이 가게 해 주면 쉽게 넣을 수 있다.

step 4 영아가 블록을 놓지 않으면, 주양육자는 영아의 손등을 살짝 누르거나 손목을 잡아 블록을 놓을 수 있도록 도와준다.

step 5 컵에서 블록을 꺼낼 때에도 처음에는 주양육자가 함께 손을 잡아 꺼내 주고, 그다음에는 영아가 블록을 잡는 데까지만 도와준다. 영아가 물건을 넣었다 빼내었을 때 "하나, 둘, 셋" 하며 숫자를 세 주는 등 언어적 자극이나 격려를 해 주면 영아가 더욱 즐겁게 활동에 참여한다.

◎ 일상생활에서의 지도과정

영아가 놀이를 하고 난 후 작은 놀잇감을 상자나 용기에 정리하게 하고, 잘 넣으면 칭찬해 준다.

놀잇감을 쏟았다가 다시 집어넣는 게임을 한다. 처음에는 놀잇감을 쏟고 그다음에는 한 개씩 꺼내 본다. 큰 놀잇감과 큰 상자부터 시작하여 점차 작은 놀잇감과 작은 상자로 바꾸어 시도해 본다.

◎ 고려사항

영아의 손이 충분히 들어갈 수 있어야 하므로 입구는 넓으나 깊이는 얕은 컵을 이용한다. 그리고 떨어질 때 소리가 나는 놀잇감을 이용하면 도움이 된다.

뇌성마비 영아의 경우는 정확한 손동작이 어려우므로 컵과 같이 작은 것보다는 큰 바구니를 준비하여 성취감을 경험하게 해 준다.

시각장애 영아의 경우는 주양육자가 영아의 손을 잡고 컵 안에 손을 넣어 영아가 공간을 확인하게 한 후, 물건을 컵 안에 넣고 꺼내는 연습을 하게 한다. 이때 영아가 좋아하는 과자나 놀잇감, 소리 나는 방울을 이용한다.

◎ 목표행동 성취기준

영아가 컵에 작은 물건을 한 번에 1개씩 3~4개 이상 넣고 컵을 거꾸로 엎지 않고 컵에 손을 넣어 한 번에 1개씩 물건을 빼는 행동을 10회 시도 중 최소 8회 이상 할 수 있다.

7. 목표행동

집게 잡기(엄지와 다른 손가락 끝으로 잡기)로 작은 물건을 집어 들어 올린다.

◎ 목표행동 성취의 중요성

엄지와 검지 또는 다른 손가락의 끝으로 물체를 잡는 것은 이전보다 손가락과 손의 조절 능력이 더 향상되고, 눈과 손의 협응력이 더욱 정교해져야 가능한 발달 과정이다.

◎ 자료

작은 놀잇감(예: 블록)이나 핑거푸드(예: 아기용 과자)

◎ 목표행동 성취를 위한 단계적 지도과정

step 1 주양육자는 영아의 손이 쉽게 닿을 수 있는 곳에 접시를 놓고, 그 위에 과자 조각을 하나 올려 둔다.

step 2 주양육자는 영아에게 과자 조각을 집어 보라고 한 다음 영아가 엄지와 다른 손가락 끝으로 잡지 않고 손 전체로 잡으려고 하거나 두 손가락의 손끝이 아닌 전체로 잡으려고 하면, 영아의 엄지 끝에 과자 조각이 닿도록 가져간다.

step 3 주양육자는 엄지와 검지 사이로 과자 조각을 잡고, 영아가 엄지와 다른 손가락 끝으로 잡아 갈 수 있도록 지도한다.

step 4 주양육자는 영아가 성공하지 못하더라도 좌절하지 않도록 배려하며, 어려워하면 손바닥 전체 또는 손가락 전체로 잡도록 내버려 두고 몇 주 후 다시 시도해 본다.

◎ 일상생활에서의 지도과정

영아의 한쪽 손 손톱에 떼기 쉽게 스티커를 붙여 주고, 나머지 손의 엄지와 다른 손가락 하나로 스티커를 떼어 다른 종이에 붙이는 활동을 한다. 영아가 스티커를 떼어 내면, 주양육자는 칭찬하면서 다른 모양의 스티커를 손톱에 붙여 준다.

식사 시간이나 간식 시간에 핑거푸드를 주고 영아 스스로 먹게 지도한다.

◎ 고려사항

크기가 작은 과자 조각이나 튀밥 같은 음식은 질식 위험이 있으므로, 영아가 혼자 있을 때 주지 않도록 하며, 손가락으로 음식을 집을 때 주양육자가 주의 깊게 살펴본다.

뇌성마비 영아의 경우는 집기가 어려울 수 있으므로 잡기도구를 이용하여 물건을 집는 연습을 하고 만족감을 갖도록 배려한다.

◎ 목표행동 성취기준

영아는 엄지와 검지 끝부분으로 작은 물건을 떨어뜨리지 않고 집어 올리는 행동을 10회 시도 중 최소 8회 이상 할 수 있다.

8. 목표행동

영아가 잡을 수 있도록 책장을 들어 주면 책장을 넘긴다.

◎ 목표행동 성취의 중요성

영아는 처음에는 책장을 넘길 때 손 전체를 이용하여 밀거나 당기지만, 월령이 증가함에 따라 점차 책장을 잡고 손목을 회전시켜 넘길 수 있게 된다. 이러한 책장을 넘기는 행동은 책에 손 뻗기, 책장을 엄지와 검지로 쥐기 등의 사물을 조작하는 기술이 생겨야 가능한 발달과정이다.

◎ 자료

헝겊책, 두껍고 딱딱한 종이로 된 책

◎ 목표행동 성취를 위한 단계적 지도과정

step 1 주양육자는 영아가 책장을 넘기기 쉬운 위치에 책을 놓는다.

step 2 주양육자는 영아가 좋아하는 그림책을 선택하여 영아가 단순히 책장을 넘기기보다는 그림을 보기 위해 넘기도록 유도한다. 예를 들어, 주양육자가 "여기 고양이도 있고 사과도 있네." 하면서 영아와 함께 손가락으로 가리키며 책 내용을 이야기하고, "다음에는 무슨 일이 일어날까?" 하면서 다음 페이지에 대한 호기심을 가지도록 유도한다.

step 3 영아가 어려워하면 주양육자는 영아의 손을 잡고 함께 넘겨 준다.

step 4 영아가 익숙해지면 주양육자는 책장을 살짝 들어 올려 준 다음 영아가 잡고 넘기게 한다.

step 5 주양육자는 영아가 엄지를 제외한 나머지 손가락을 책장 뒤에 넣어 넘기거나 엄지와 검지 전체로 잡고 넘기도록 지도한다. 얇은 책장의 경우 영아가 종종 책장을 넘기기보다는 손 전체로 책장을 밀어서 넘기려고 하는데, 이때 손가락을 사용하게 한다.

◎ 일상생활에서의 지도과정

매일 일정한 시간(예: 낮잠, 잠자기 직전)에 주양육자가 영아와 함께 책을 읽도록 하고, 영아의 손이 닿을 수 있는 곳에 좋아하는 그림책을 두어 영아 혼자서 책을 탐색해 볼 수 있게 한다.

◎ 고려사항

처음에는 헝겊 책에서 시작하여 점차 종이 재질이 딱딱한 책, 얇은 책으로 시도한다. 얇은 책장의 경우 한 번에 2~3장을 넘기기도 한다.

뇌성마비 영아의 경우는 주양육자가 책장을 잡고 있는 상태에서 영아가 손등이나 팔로 밀쳐 내어 넘겨 보게 하고, 정확성이 높아지면 손가락이나 손바닥으로 넘기도록 지도한다.

시각장애 영아의 경우는 다양한 촉감을 활용할 수 있도록 헝겊 책이나 여러 가지 재질의 종이책으로 책장 넘기기 연습을 하게 한다. 이때 영아가 책의 촉감을 충분히 탐색할 수 있도록 해 준다.

◦ 목표행동 성취기준

영아는 주양육자가 책장을 조금 들어 올려 주면 책장을 잡고 넘기는 행동을 10회 시도 중 최소 8회 이상 할 수 있다.

05 월령: 13~18개월

1. 목표행동

끈으로 놀잇감 차를 끌어당긴다.

◎ 목표행동 성취의 중요성

영아는 스스로 음식을 먹거나 원하는 것을 얻고자 할 때 처음으로 자신의 손을 의식하게 되면서 자신의 신체상을 세운다. 손을 쓰면서 자신의 신체가 환경에 영향을 미칠 수 있음을 알게 되며, 나아가 도구를 사용하는 조작 능력을 습득하게 된다.

◎ 자료

끈과 바퀴가 달린 놀잇감 차, 밀고 당기는 놀잇감(예: 막대기가 달린 미는 놀잇감, 줄이 달린 당기는 놀잇감)

◎ 목표행동 성취를 위한 단계적 지도과정

step 1 주양육자는 바퀴 달린 놀잇감 차에 끈을 매달아 영아가 쉽게 볼 수 있는 곳이나, 팔을 뻗어 끈을 잡아당길 수 있는 곳에 놓아 둔다.

step 2 영아가 놀잇감 차에 관심을 가지지 않으면 주양육자는 놀잇감을 영아 시야 앞에서 끌며 "와! 차가 움직이네! 뛰뛰빵빵!" 하며 주의를 집중시킨다.

step 3 필요하면 직접 끈을 영아의 손에 쥐어 준 뒤 주양육자가 영아의 손을 잡고 앞으로 끌어 준다.

step 4 영아가 관심을 보이며 스스로의 힘으로 끈을 끌어당기면 주양육자는 손을 놓는다.

step 5 주양육자는 최소한의 도움을 주며, 영아가 끈으로 놀잇감 차를 끌어 당겨 놀이를 할 수 있도록 격려한다.

◎ 일상생활에서의 지도과정

중도의 운동장애 영아를 제외한 대부분의 영아가 자연스러운 상황(예: 자유놀이 시간, 교육시간)에서 여러 가지 놀잇감을 가지고 놀다가 다른 놀잇감을 갖기 위해 주위를 살핀다. 주양육자는 영아의 주위에 끈이 달린 놀잇감을 가까이 놓아 둔 뒤 영아가 스스로 끈을 당기는지 관찰하며, 특히 영아 혼자 놀이를 할 때 어떤 놀잇감을 고르는지 주의 깊게 살핀다. 끈으로 놀잇감을 당기는 것과 같은 원리로 무겁지 않는 플라스틱 서랍의 고리를 당겨서 여는지 또는 소파나 침대 위에 있는 수건이나 방석을 손으로 당겨 자신의 신체 방향으로 끄는지 등을 주기적으로 관찰한다.

◎ 고려사항

뇌성마비 영아의 경우는 손목에 끈을 매달거나, 끈을 동그랗게 묶고 그 구멍에

3~4개의 손가락을 넣어 끈이 빠지지 않게 한 후에 놀잇감 차를 끌도록 한다. 이때 놀잇감 차는 손가락이 다치지 않도록 너무 무겁지 않은 것으로 준비한다.

시각장애 영아의 경우는 소리나 촉감으로 흥미를 느낄 수 있는 놀잇감을 사용한다. 또는 끈을 영아의 손에 직접 쥐어 주어 끌 수 있도록 유도하는데, 이때 놀잇감의 무게감이 느껴질 수 있도록 중량이 나가는 것을 이용한다. 소리 나는 공에 끈을 달아서 잡아당기게 하거나 작은 서랍을 열면 영아가 좋아하는 물건을 얻을 수 있게 한 다음 영아가 서랍을 열도록 유도하는 방법을 활용할 수도 있다.

◎ 목표행동 성취기준

영아는 스스로 끈이 달린 놀잇감 차를 끌어당기는 행동을 하루 일과 중 최소 5회 이상 보인다.

2. 목표행동

상자 뚜껑 닫는 것을 모방한다.

◎ 목표행동 성취의 중요성

본격적으로 모방 행동이 나타나는 것은 생후 12개월부터이며, 이때부터 모방 행동이 일상적인 놀이 형태로 나타나게 된다. 이때 뚜껑을 닫는 행동을 모방하는 것은 초기 인지능력과 도구 사용을 위한 조작 기술을 발달시키는 데 중요한 역할을 한다.

◎ 자료

뚜껑이 있는 상자(상자 안에 무엇이 들어 있는지 알기 쉬운 투명이나 반투명의 플라스틱 통), 영아가 좋아하는 놀잇감

◎ 목표행동 성취를 위한 단계적 지도과정

step 1 주양육자는 뚜껑이 있는 상자 안에 영아가 좋아하는 놀잇감을 넣어 둔다.

step 2 주양육자는 영아 앞에 뚜껑이 있는 상자를 놓고 손으로 뚜껑 위를 톡톡 치며 영아의 관심을 집중시킨다.

step 3 영아가 관심을 보이면 충분히 상자를 탐색할 수 있도록 기다린다.

step 4 주양육자는 영아가 뚜껑을 열고 상자 안을 확인할 수 있도록 도와준다.

step 5 주양육자는 영아가 다시 상자를 닫은 후 영아에게 "상자를 열어 볼래?"라고 말한다.

step 6 영아가 상자를 열어 놀잇감을 꺼내면 주양육자는 영아에게 "문 닫아 주자."라며 다시 상자를 닫도록 한다.

step 7 영아가 상자의 뚜껑을 닫으면 주양육자는 큰 소리로 "우리 ○○, 잘 했어요!" 하고 손뼉을 치며 칭찬해 준다.

◎ 일상생활에서의 지도과정

주양육자는 영아가 평소 주변에 있는 물건 중 어떤 것에 관심을 보이는지 관찰한다. 대부분의 영아는 책장이나 선반에 가지런히 놓인 물건을 끄집어내는 것에 관심을 보이는 경우가 많은데, 이때 주양육자는 영아가 끄집어낸 물건을 뚜껑이 있는 상자 안에 정리한 후 영아가 뚜껑을 닫을 수 있게 해 준다. 또한 일상생활에서 사용하는 사물 중에서 쓰레기통 뚜껑이나 냄비 뚜껑 등을 이용하여 지도한다.

간식 시간에 상자 안에 과자를 넣고 영아가 뚜껑을 열어 직접 꺼내 먹도록 유도하고, 과자를 먹은 후에는 뚜껑을 닫아 정리하도록 지도한다.

◎ 고려사항

여러 가지 모양(예: 원형, 정사각형, 직사각형)의 상자 중 쉬운 것부터 활용한다. 보통 원형의 뚜껑부터 시작하여 정사각형, 직사각형의 순으로 지도하는 것이 효과적이다.

뇌성마비 영아의 경우는 조금만 힘을 주어도 쉽게 닫히는 뚜껑으로 준비하여 영아가 성취감을 경험하도록 해 준다.

시각장애 영아의 경우는 상자를 인식할 수 있도록 상자 안에 소리 나는 놀잇감을 넣어 두고, 영아가 소리를 듣고 상자 뚜껑을 열어 놀잇감을 가질 수 있게 한다. 영아가 상자를 인식하게 되면 상자 뚜껑을 여닫아서 물건을 숨기고 찾는 게임을 통해 상자 뚜껑 닫기 연습을 하게 한다. 이때 처음에는 주양육자가 영아의 손을 잡고 함께 뚜껑을 여닫고, 익숙해지면 영아가 혼자 해 보게 한다. 또 영아가 두 다리 사이에 상자를 놓고 바닥에 앉아 상자의 위치를 인식하고 상자 뚜껑 여닫기를 할 수 있도록 지도한다.

◎ 목표행동 성취기준

영아는 주양육자의 상자 닫는 것을 모방하여 상자의 두껑을 닫는 행동을 10회 시도 중 최소 8회 이상 할 수 있다.

3. 목표행동

한 손에 2개의 작은 물건을 집어 올려서 쥔다.

◎ 목표행동 성취의 중요성

한 손에 2개의 작은 물건을 집어 올리기 위해서는 사물에 정확하게 손을 뻗기, 작은 물건을 손으로 잡기 등 사물을 조작할 수 있는 능력이 발달되어야 한다. 또한 영아는 손의 사용법을 터득함에 따라 스스로 환경을 조작할 수 있다는 것을 알게 된다. 이와 같은 소근육 운동기술의 발달은 독립적인 자조기술과 이후 세련된 형태의 놀이기술을 향상시키는 데 중요한 역할을 한다.

◎ 자료

약 2.5cm 정도 되는 작은 블록이나 지우개, 촉감주머니(예: 콩주머니, 쌀주머니), 과자 등

◎ 목표행동 성취를 위한 단계적 지도과정

step 1 주양육자는 앉아 있는 영아의 눈높이에 적당한 책상을 준비한다.

step 2 주양육자는 책상 위에 작은 블록(또는 지우개)을 올려 둔 후 영아에게 그 블록을 가지라고 말한다.

step 3 주양육자는 영아가 블록을 몇 개 집는지 확인한 후 1개만 집으면 2개 다 집으라고 말한 후 한 손으로 2개의 블록을 어떻게 쥘 수 있는지 시

범을 보이면서 설명해 준다.

step 4 영아가 한 손으로 쥐는 것을 어려워하면 주양육자는 영아의 손 위에 블록을 2개 쥐어 준 뒤 주양육자의 한 손을 영아 앞에 내밀면서 "손에 있는 놀잇감 주세요!" 라고 말한다.

step 5 영아가 주양육자에게 놀잇감을 건네면 주양육자는 다시 영아에게 블록 2개를 한 손으로 쥘 수 있도록 쥐어 준다.

step 6 어느 정도 익숙해지면 주양육자는 영아에게 바닥에 있는 2개의 블록을 한 손으로 잡아 보라고 한다.

◎ 일상생활에서의 지도과정

평소 영아가 좋아하는 과자를 2개 건네며 한 손으로 쥐도록 지도한다.

◎ 고려사항

영아가 물건을 쥐는 손이 아닌 다른 손에 무엇인가를 쥐고 있게 한 후 한 손으로 두 개의 물건을 쥐게 하면 도움이 된다.

뇌성마비 영아의 경우는 쥐기가 힘들므로 잡기 도구로 한꺼번에 2개를 잡을 수 있도록 하거나 주양육자가 영아의 손을 감싸 2개를 쥘 수 있게 도움을 준다.

시각장애 영아의 경우는 영아가 좋아하는 소리 나는 놀잇감을 활용하여 영아가 물체의 위치를 파악하고 물건을 집어 올릴 수 있도록 한다. 이때 사용하는 놀잇감은 영아가 한 손에 2개를 쥘 수 있는 정도의 크기여야 한다.

◎ 목표행동 성취기준

영아는 한 손에 2개의 작은 물건을 집어 올리는 행동을 10회 시도 중 최소 8회 이상 보인다.

4. 목표행동

컵에 주사위를 6개 이상 넣는다.

◎ 목표행동 성취의 중요성

주사위를 잡기 위해서는 손을 뻗어 주사위를 잡은 후 손으로 쥐기, 놓기 등의 조작능력과 눈과 손의 협응력이 발달되어야 한다. 여러 개의 주사위를 연속하여 컵에 넣는 것은 영아의 집중력과 지구력 증진에 중요한 역할을 한다.

◎ 자료

투명한 컵, 주사위, 돌, 도토리 등

◎ 목표행동 성취를 위한 단계적 지도과정

step 1 주양육자는 영아 앞에 투명한 컵과 주사위를 놓는다.

step 2 주양육자는 투명한 컵 안에 주사위 1개를 어떻게 넣는지 설명하며 보여 준다.

step 3 영아에게 주사위를 주고 "이 안에 넣어 볼래?"라고 말한다.

step 4 영아가 주사위를 넣는 것을 어려워하면, 주양육자는 영아의 손을 잡고 주사위를 잡는 것과 컵 속에 넣는 것을 도와주며 이를 여러 번 반복한다.

step 5 주양육자는 영아가 주사위를 1개씩 넣을 때마다 "하나, 둘" 하고 숫자를 세 주며, 끝까지 주사위를 컵 안에 넣도록 유도한다.

step 6 영아가 주사위를 모두 컵에 넣으면 컵에 담긴 주사위를 쏟아 다시 넣어 보는 활동을 반복한다.

◎ 일상생활에서의 지도과정

컵이 아닌 다양한 모양의 용기 안에 평소 가지고 놀이하던 다양한 크기의 놀잇감을 집어넣는 놀이를 한다. 다 집어넣은 뒤에는 다시 쏟았다가 주양육자와 하나씩 집어넣는 게임을 해 본다. 처음에는 입구가 큰 용기 안에 넣는 놀이를 하다가 익숙해지면 입구가 작은 용기 안에 넣게 한다. 또한 사물이 떨어질 때 큰 소리가 나는 금속 용기를 사용하면 영아의 흥미를 끌 수 있다. 평소 가지고 놀던 놀잇감을 정리할 때 바구니, 통, 컵, 상자 등에 흩어진 놀잇감을 정리하도록 지도한다.

◎ 고려사항

작은 주사위는 영아가 입안으로 넣어 삼킬 수 있으므로 주양육자는 자료의 개수를 미리 세어 두고 반드시 함께 있을 때 놀이하도록 주의한다.

뇌성마비 영아의 경우는 작은 주사위보다는 큰(한 손에 쥘 정도) 주사위를 준비하며, 영아가 쉽게 성공할 수 있도록 컵 대신에 큰 바구니를 준비하여 연습하게 한다. 이때 영아의 자세를 바르게 유지시키고 영아가 심리적인 안정감을 갖도록 충분한 시간을 준다.

시각장애 영아의 경우는 주양육자가 영아의 손을 잡고 컵 안에 손을 넣어 공간을 확인하게 한 후 물건을 컵 안에 넣고 꺼내는 연습을 한다. 이때 영아가 좋아하는 과자나 놀잇감, 소리 나는 방울을 이용한다.

◎ 목표행동 성취기준

영아가 컵 안에 주사위를 6개 이상을 넣는 행동을 10회 시도 중 최소 8회 이상 할 수 있다.

5. 목표행동

혼자서 블록이나 작은 놀잇감을 3~4개 정도 쌓는다.

◎ 목표행동 성취의 중요성

블록 쌓기는 사물에 정확하게 손 뻗기, 잡기, 놓기 등의 조작능력과 눈과 손의 협응 운동 등 손을 이용하는 기술이 있어야 가능하며, 이러한 능력이 발달함에 따라 스스로 환경을 조작할 수 있음을 알게 된다. 이러한 소근육 운동기술의 발달은 독립적인 자조기술과 놀이기술을 향상시키는 데 중요한 역할을 한다.

◎ 자료

작은 크기(2.5~4cm)의 블록, 쌓을 수 있는 놀잇감(예: 2~4cm 정도 크기의 천, 고무, 플라스틱, 나무 등으로 만든 가벼운 블록), 작은 빈 과자상자나 플라스틱 통

◎ 목표행동 성취를 위한 단계적 지도과정

step 1 주양육자는 영아 앞에 여러 개의 블록을 놓는다.

step 2 주양육자는 영아와 함께 블록을 가지고 놀이를 하면서 탑 쌓기 시범을 보여 준다.

step 3 탑을 쌓은 후에 영아에게 블록 하나를 건네며 "탑을 쌓아 보자."라고 말한다.

step 4 영아가 블록을 하나씩 쌓아 올릴 때마다 주양육자는 다음 블록을 하나씩 건네준다.

step 5 큰 블록 위에 작은 블록을 올려놓기 등 다양한 쌓기 모양을 만들어 영아가 흥미를 가질 수 있도록 유도한다. 이때 주양육자는 영아가 지속적으로 흥미를 느낄 수 있도록 "하나, 둘, 셋" 하고 숫자를 세 주기도 하고, "높이 높이 더 높이 누가 높이 잘 쌓나?"라고 노래를 불러 주면

서 영아의 흥미를 이끌어 낸다.

step 6 영아가 한 손으로 잡고 쌓으면 주양육자는 박수를 치며 "○○야, 너무 잘했어!"라고 칭찬해 준다.

◎ 일상생활에서의 지도과정

주양육자는 집에 있는 작은 상자나 플라스틱 통을 영아에게 건네며 쌓기 놀이를 하도록 격려한다.

◎ 고려사항

영아에 따라 블록을 쌓는 것보다 쌓인 탑을 한꺼번에 우르르 무너뜨리는 것에만 관심을 가질 수 있으므로, 이러한 영아의 경우는 탑을 모두 쌓은 후에 무너뜨리지 않고 블록을 하나씩 옆으로 내려놓도록 유도한다.

영아가 블록 쌓기를 어려워할 경우 주양육자가 신체 도움을 주어 성취를 경험하게 하는 것도 좋지만, 가능하면 영아의 입장에서 좀 더 능동적으로 성취할 수 있도록 지도한다. 예를 들면, 크기를 구별하여 쌓기를 유도하거나 게임 등을 통해 지도하도록 한다.

뇌성마비 영아의 경우는 앉는 자세가 불안하여 한쪽으로 기울어지거나 몸이 경직되면 편안한 자세로 바꾸어 준 다음 다시 시도한다. 엄지를 벌려 물건을 잡기 어려운 영아는 엄지를 벌려 주는 손가락 보조기를 착용하도록 한다. 블록쌓기가 어려운 경우에는 블록 크기가 큰 것으로 시도해 보거나 블록을 옆으로 쌓아 기차 모양을 만들거나 주양육자가 함께 해 본다.

시각장애 영아의 경우는 종이 블록을 활용하여 주양육자가 영아의 손을 잡고 블록을 쌓아 올려 보며 전체 모습을 탐색하고 무너뜨리는 과정을 반복한다. 이때 사용하는 종이 블록은 영아의 신체에 부딪히더라도 다칠 위험이 없는 가벼운 것이어야 하고, 영아가 무게 중심을 맞추지 않고 위에 올려놓는 행동만으로도 탑을 쌓을 수 있는 큰 것을 사용하여 영아가 성취감을 느끼도록 해 준다. 또는 자석 블록을 사용하여 쉽게 위로 쌓아 올리는 기술을 습득하게 한다.

◦ 목표행동 성취기준

영아는 3~4개의 블록을 쌓는 행동을 10회 시도 중 최소 8회 이상 할 수 있다.

6. 목표행동

1cm 정도의 구멍에 실을 끼운다.

◦ 목표행동 성취의 중요성

구멍에 실을 끼우는 것은 양손의 협응능력과 눈과 손의 협응 능력, 엄지와 검지를 활용하여 물건을 잡는 기술이 발달되어야 가능하다. 이러한 행동에 능숙해지면 큰 구멍이 뚫린 고리나 구슬 한 개에 실 끼우기를 할 수 있게 된다.

◎ 자료

실(예: 끝이 빳빳한 것, 운동화끈), 구멍 1cm 정도의 큰 구슬, 색종이나 색도화지

◎ 목표행동 성취를 위한 단계적 지도과정

step 1 주양육자는 의자나 책상에 실을 매 둔다.

step 2 주양육자는 실 끝을 잡고 다른 손으로는 구슬을 잡아 실 끝에 끼워 넣는 시범을 보인다.

step 3 실에 구슬을 끼우면 구슬이 실을 따라 아래로 쉽게 내려오는 모습을 영아에게 보여 준다.

step 4 주양육자가 다시 실 끝을 잡고 영아에게 구슬을 끼우게 하거나 영아가 실 끝을 잡고 주양육자가 구슬을 끼워 넣는 것을 반복한다.

step 5 주양육자는 영아가 필요할 때 약간만 도와주고 전 과정을 영아가 혼자 하게 한다. 성공하면 영아의 이름을 부르며 칭찬해 준다.

◎ 일상생활에서의 지도과정

가정에서는 사인펜 뚜껑 끼우기, 둥근 막대 꽂기 판에 꽂기 등을 해 본다.

게임으로는 구멍이 있는 과자를 실(운동화끈)에 몇 개 끼운 뒤 영아가 일어서서 과자를 입으로 따 먹는 놀이를 해 본다. 누가 먼저 빨리 따 먹는지 놀이를 하면서 실을 과자 안에 끼울 수 있다는 것을 영아가 알 수 있도록 한다. 영아가 구멍이 있는 과자 안에 실을 끼워 보는 등 다양한 놀이를 즐길 수 있다.

색종이나 색도화지로 고리를 만들어 끈을 끼워 목걸이를 만드는 활동을 해 본다.

◎ 고려사항

실 끝이 부드러워 영아가 구슬 안에 끼우는 것을 어려워하면 실 끝을 테이프로 싸서 빳빳하게 만들어 준다.

뇌성마비 영아의 경우는 구슬의 구멍 크기가 큰 것에 실을 끼우게 하고 구멍이 흔들리지 않게 고정시킨 후 빳빳한 실을 끼워 보도록 지도한다.

시각장애 영아의 경우는 얇고 긴 막대에 휴지심이나 구멍의 크기가 큰 물건 끼우기부터 시작해서 막대에 작은 구멍을 가진 고리 끼우기, 작은 구멍을 가진 사물에 실 끼우기 순서로 목표 행동 관련 기술을 지도한다.

◎ 목표행동 성취기준

영아는 1cm 정도의 고리 안에 실을 끼우는 행동을 10회 시도 중 최소 8회 이상 할 수 있다.

06 월령: 19~24개월

1. 목표행동

종이를 어설프게나마 접는다.

◎ 목표행동 성취의 중요성

영아는 손을 이용하는 기술을 통해 스스로 환경을 조작할 수 있다는 것을 알게 된다. 특히 양손을 동시에 움직여서 활동을 하는 것부터 한 가지 과제를 수행하기 위해 양손이 서로 다른 기능을 하게 되는 것까지 점진적으로 발달시켜 나간다. 종이 접기는 눈과 손의 협응력과 손으로 누르기, 잡기, 놓기 등의 기술을 발달시키는 데 중요한 역할을 한다.

◎ 자료

색종이, 냅킨이나 휴지, 신문지, 쿠킹포일, 은박접시, 두꺼운 도화지, 손수건 등

◎ 목표행동 성취를 위한 단계적 지도과정

step 1 주양육자는 영아에게 여러 가지 색의 색종이를 건네며 좋아하는 색을 선택하게 한다.

step 2 영아가 색종이를 선택하면 주양육자는 색종이를 접는 시범을 보여, 영아가 따라해 보게 한다.

step 3 영아가 어려워하면 주양육자는 영아의 손을 잡아 주어 색종이를 접을 수 있게 한다.

step 4 주양육자는 반으로 접은 색종이를 세운 뒤 "우리 텐트를 더 만들어 볼까?" 하며 영아 스스로 종이를 접도록 유도한다.

step 5 영아가 어설프나마 스스로 접을 수 있으면 주양육자는 큰 소리로 박수를 치며 칭찬해 준다.

◎ 일상생활에서의 지도과정

빨래를 갤 때 영아가 주양육자를 모방하여 수건 등을 접을 수 있도록 유도한다.

영아에게 수건이나 손수건을 주어 접는 연습을 하게 한다. 또는 손수건을 반으로 접은 후 머리에 써 보는 놀이를 함으로써 반으로 접는 것에 영아가 흥미를 가지도록 유도한다.

◎ 고려사항

접는 활동을 처음하는 영아의 경우 두꺼운 도화지를 이용하면 강한 힘으로 눌러 접는다는 의미를 더욱 확실하게 배울 수 있다. 접는다는 의미를 알게 하기 위해 매직이나 사인펜으로 접는 부분에 점선 표시를 하여 그 선까지 위로 올려 끝부분을 맞춰야 함을 알려 준다.

뇌성마비 영아의 경우는 손으로 접기가 어려우므로 주양육자가 미리 접어놓은 종이를 손이나 팔꿈치로 한 번 더 누르는 연습을 한다.

시각장애아 영아의 경우는 색종이의 색으로 종이를 구별하기 어렵기 때문에 다양한 촉감의 종이(예: 두꺼운 종이, 티슈, 손수건, 쿠킹포일, 은박접시)를 준비하여 활동하도록 한다. 주양육자는 하나하나 설명하면서 활동을 지도해야 한다.

◎ 목표행동 성취기준

영아는 어설프게나마 종이를 접는 행동을 10회 시도 중 최소 8회 이상 할 수 있다.

2. 목표행동

혼자서 블록이나 작은 놀잇감을 6~8개 정도 쌓는다.

◎ 목표행동 성취의 중요성

블록 쌓기는 사물에 정확하게 손뻗기, 잡기, 놓기 등 사물을 조작하는 기술의 발달을 향상시킨다. 또한 블록을 쌓기 위해서 눈과 손의 협응 운동이 발달해야 하며, 이와 같이 손을 이용하는 기술이 향상되면 영아는 스스로 환경을 조작할 수 있다는 것을 알게 된다. 이러한 소근육 운동기술의 발달은 독립적인 자조기술과 놀이기술을 향상시키는 데 중요한 역할을 한다.

◎ 자료

작은 크기(2.5~4cm)의 블록 8개 이상

◎ 목표행동 성취를 위한 단계적 지도과정

step 1 주양육자는 영아 앞에 여러 개의 블록을 놓는다.

step 2 주양육자는 영아와 함께 블록을 가지고 놀이를 하면서 탑 쌓기 시범을 보여 준다.

step 3 주양육자는 탑을 쌓은 후에 블록을 하나씩 다시 내려놓는다.

step 4 주양육자는 영아에게 탑을 쌓으라고 한다.

step 5 영아가 한 손으로 블록을 잡고 블록 쌓기를 하면 주양육자는 박수를 치며 "○○야, 너무 잘했어!" 하며 칭찬해 준다.

◎ 일상생활에서의 지도과정

주양육자는 영아가 큰 블록을 가지고 건물을 만들거나 길을 만드는 놀이를 할 수 있도록 지도한다.

◎ 고려사항

영아가 손의 움직임을 조절하는 데 어려움을 보이면 자력이 있는 블록이나 찍찍이를 이용한 블록을 제공한다.

영아에 따라 블록을 쌓는 것보다 쌓인 탑을 한꺼번에 우르르 무너뜨리는 것에만 관심을 가질 수 있으므로, 이러한 영아의 경우는 탑을 모두 쌓은 후에 무너뜨리지 않고 블록을 하나씩 옆으로 내려놓도록 유도한다.

◎ 목표행동 성취기준

영아는 6~8개의 블록을 쌓는 행동을 10회 시도 중 최소 8회 이상 할 수 있다.

3. 목표행동

3cm 크기의 구슬 3개를 실에 끼운다.

목표행동 성취의 중요성

구슬 꿰기는 양손의 협응 능력과 눈과 손의 협응 능력을 발달시키며, 점차 정밀한 손 조작을 할 수 있도록 하는 데 도움을 준다.

자료

구슬꿰기 놀잇감(구멍이 뚫려 있는 3cm 크기의 원색 알사탕 모양의 구슬과 실이 함께 구성되어 있음), 구멍이 뚫린 과자, 실

목표행동 성취를 위한 단계적 지도과정

- **step 1** 주양육자는 영아에게 여러 개의 구슬과 실을 주어 탐색하게 한다.
- **step 2** 영아가 구슬과 실을 가지고 어떻게 하는지 모르면 주양육자는 구슬에 실을 끼워 시범을 보인다.
- **step 3** 주양육자는 몇 번 더 구슬을 실에 끼우다가 영아에게 구슬을 건네며 실에 끼워 보게 한다.
- **step 4** 주양육자가 실 끝을 잡고 고정시켜 주면 영아가 구슬의 구멍을 실에 끼우도록 한다.
- **step 5** 주양육자는 영아에게 구슬과 실을 건네며 스스로 해 보도록 한다.
- **step 6** 주양육자는 영아가 한 손으로는 실 끝을 잡고 다른 한 손으로는 구슬을 잡아 끼워 넣을 수 있도록 하고, 끼운 실의 끝을 빼는 과정을 설명한다.
- **step 7** 필요한 경우 주양육자가 영아의 두 손을 잡고 신체적인 도움을 주어 구슬을 끼울 수 있도록 한다.

step 8 영아가 목표행동을 성취했을때 언어적 자극(예: "우리 ○○, 정말 잘했어요.") 또는 비언어적 자극(예: 박수치기, 머리 쓰다듬기)을 통해 영아의 행동을 강화시켜 준다.

◎ 일상생활에서의 지도과정

부서지기 쉬운 과자보다는 구멍이 뚫린 단단한 과자를 사용하여 과자 목걸이를 만들어 본다. 또한 요리활동으로 과일이나 빵으로 꼬치 만들기를 하면 눈과 양손의 협응력과 집중력을 발달시킬 수 있다.

◎ 고려사항

영아가 구슬을 입안에 넣지 않게 주의 깊게 살피고 구슬 통을 한꺼번에 쏟을 때 구슬이 방 전체에 굴러가지 않도록 주의한다.

뇌성마비 영아 경우는 손의 정확도가 낮으므로 큰 구멍(3cm)의 구슬을 제공하되 주양육자가 구슬을 잡아 주어 영아가 실만 잡고 구멍으로 넣는 활동을 하도록 함으로써 영아가 쉽게 성공감을 맛보게 한다.

시각장애 영아의 경우는 얇고 긴 막대에 휴지심과 같이 구멍 크기가 큰 물건을 끼우는 것부터 시작해서 막대에 작은 구멍을 가진 고리 끼우기, 작은 구멍을 가진 사물에 실 끼우기 순서로 목표 행동 관련 기술을 지도한다.

◎ 목표행동 성취기준

영아는 구슬을 3개 이상 실에 끼우는 행동을 10회 시도 중 최소 8회 이상 할 수 있다.

4. 목표행동

혼자서 전원 스위치를 끄고 켜거나, 버튼을 누른다.

◎ 목표행동 성취의 중요성

전원 스위치를 끄고 켜거나, 버튼을 누를 때 보통 검지를 사용하는데 검지는 찌르기나 누르기 등의 조작 운동을 발달시키는 데 중요하며, 손 뻗기와 정확한 곳을 확인하기 위한 눈과 손의 협응력을 발달시키는 데 영향을 미친다. 또한 일상생활에서 자신의 목적 있는 행동의 원인과 결과(인과관계)를 직접 확인할 수 있는 기회가 된다는 점에서 중요하다.

◎ 자료

버튼을 눌러 작동하는 놀잇감(예: 자동차, 기차)

목표행동 성취를 위한 단계적 지도과정

step 1 주양육자는 버튼을 눌러 작동하는 놀잇감을 준비한다.

step 2 주양육자는 영아에게 "이 기차가 어떻게 움직이는지 볼까?"라고 말한 후 실제 버튼을 눌러 기차가 움직이는 것을 보여 준다.

step 3 기차가 멈추면 이번에는 "○○가 한번 눌러 볼래?"라고 말하며 영아가 직접 해 보도록 유도한다.

step 4 필요하면 주양육자가 버튼의 위치를 손으로 가리켜 주거나 영아의 손을 잡고 버튼을 함께 눌러 준다.

step 5 기차가 멈추면 주양육자는 영아가 다시 버튼을 눌러 움직일 수 있도록 유도한다.

step 6 기차가 움직이면 주양육자는 박수를 치거나 "우와, ○○가 버튼을 눌렀더니 기차가 움직이네."라고 말하며 영아를 칭찬해 준다.

일상생활에서의 지도과정

가정에서는 영아가 전원 스위치나 버튼을 눌러 보게 한다. 아파트 초인종이나 벽에 있는 스위치를 누를 때 주양육자가 영아를 안아 올려 누르게 한다. 하지만 오븐이나 드럼세탁기, 전기밥솥 등의 전자제품은 위험하므로 피하며, 영아가 만지지 않도록 주의한다.

고려사항

가정에 있는 전원 스위치를 영아가 눌러 보게 하는 것은 좋은 연습이 될 수 있으나 자칫 전원기구의 버튼에 흥미를 가져 주양육자가 없을 때 위험한 버튼을 누를 수 있으므로 영아의 손이 닿는 곳에는 위험한 전자제품을 놓지 않는다.

뇌성마비 영아의 경우는 실 끝에 단추나 고리를 달아 쉽게 당기도록 해 주거나, 영아의 손이 닿는 위치에 버튼을 놓아 쉽게 누를 수 있도록 한다.

시각장애 영아의 경우는 눌렀을 때 소리가 나는 놀잇감, 텔레비전, 라디오 등을 이용하여 버튼 누르는 것을 연습하게 한다.

◎ 목표행동 성취기준

영아는 혼자서 전원 스위치를 켜거나 버튼을 누르는 행동을 하루 일과 중 최소 5회 이상 보인다.

5. 목표행동

문고리, 놀잇감 태엽, 병뚜껑 등을 닫거나 열 때, 손목을 돌려 사용한다.

◎ 목표행동 성취의 중요성

손목을 돌려 사용하기 위해서는 손목의 조절과 손목부터 팔꿈치까지의 회전 활동이 발달되어야 한다. 손목을 잘 조절할 수 있게 되면, 이후 숟가락으로 음식을 떠서 쏟지 않고 입으로 가져가거나 책장을 부드럽게 넘기는 것과 같이 손목을 좀 더 정교하게 조절해야 하는 활동을 원활하게 할 수 있다.

◎ 자료

돌리기 쉬운 손잡이가 달린 문, 태엽이 있는 놀잇감, 마개를 돌려서 열어야 하는 다양한 입구의 병(영아의 손 크기에 맞는 병)

◎ 목표행동 성취를 위한 단계적 지도과정

step 1 주양육자는 영아에게 과자가 안에 들어가 있는 것이 보이는 유리병을 뚜껑이 닫힌 채로 준다. 이때 뚜껑은 느슨하게 닫아 둔다.

step 2 영아가 병뚜껑을 돌려서 열려고 하지 않으면 주양육자는 어떻게 여는지 시범을 보인다.

step 3 영아에게 병을 건넨 후 병뚜껑을 열어 그 안에 있는 과자를 먹을 수 있도록 한다.

step 4 영아가 손으로 병과 병뚜껑을 동시에 잡고 있어 뚜껑을 열지 못하는 경우가 있으므로 병뚜껑 돌릴 때 영아의 손가락이 병뚜껑만 잡고 있는지 확인한다.

◎ 일상생활에서의 지도과정

주양육자는 영아가 간식 시간에 음료수병을 약간만 돌려서 열 수 있도록 병뚜껑을 닫아 두거나, 목욕 후 로션 뚜껑을 스스로 열 수 있도록 미리 병을 적당히 돌려놓는다.

다양한 크기의 병을 가지고 연습하도록 하며, 병 안에 영아가 좋아하는 놀잇감이나 색종이, 구슬 등을 넣어 두는 것도 좋다.

◎ 고려사항

문을 여는 활동에 익숙해지면 영아가 혼자서 건물 밖으로 나갈 수 있으니 주의 깊게 살핀다.

병뚜껑을 거의 돌려놓는 등 영아가 지나치게 손쉽게 여는 방법을 제시하기 보다는 영아 스스로 병을 열 수 있도록 유도한다.

뇌성마비 영아의 경우는 병뚜껑을 손으로 쉽게 잡을 수 있도록 병뚜껑이 길고 적당한 굵기인 것으로 연습하며, 영아가 뚜껑을 쉽게 열도록 느슨하게 해 놓는다.

시각장애 영아의 경우는 플라스틱 병 안에 방울을 넣고 흔들어 보며, 뚜껑을 열어 방울을 꺼낼 수 있도록 활동을 계획하여 실시하고, 일상생활에서 물통 뚜껑 열기, 문고리 돌려 열기 등의 활동을 꾸준히 하게 한다.

○ 목표행동 성취기준

영아는 손목을 돌려 문을 열거나 놀잇감 태엽을 감거나 병뚜껑을 열고 닫는 행동을 하루 일과 중 최소 5회 이상 보인다.

6. 목표행동

수직선이나 수평선 그리는 것을 보여 주면 따라 그린다.

○ 목표행동 성취의 중요성

수직선이나 수평선을 그리는 것은 정해진 모양을 따라 그리는 것이므로 눈과 손의 협응력과 시지각을 발달시키는 데 중요한 역할을 한다. 또한 손으로 크레용과 같은 그리기 도구를 이용하면서 손 근육을 조절할 수 있게 되고, 점차 그리기 도구를 능숙하게 사용할 수 있게 된다.

○ 자료

큰 종이(예: 스케치북, 전지), 크레용, 색연필, 보드마커, 사인펜 등

○ 목표행동 성취를 위한 단계적 지도과정

step 1 주양육자는 영아 앞에 큰 종이(예: 스케치북)를 올려놓는다.

step 2 주양육자가 "잘 보세요!" 하고 종이 위에 크레파스로 수직선과 수평선 그리는 것을 보여 준다. 수직선을 그릴 때는 "위에서 아래로 ~쭈우욱~", 수평선을 그릴 때는 "왼쪽에서 오른쪽으로 ~쭈우욱~" 하고 소리를 낸다.

step 3 영아에게 "○○야, 할 수 있겠니?" 하며 영아가 해 보게 한다.

step 4 영아가 따라 하는 것을 어려워하면 주양육자는 영아의 손을 잡고 함

께 수직선과 수평선을 그려 본다.

step 5 영아가 수평선과 수직선을 모방하여 그리면 주양육자는 "○○야, 너무 잘 그렸어."라고 칭찬해 준다.

◎ 일상생활에서의 지도과정

목욕을 할 때 거울에 아빠의 면도크림을 칠한 후 영아가 손가락으로 그리기 놀이를 할 수 있도록 유도한다. 상자 안에 모래나 설탕 또는 밀가루를 바닥이 안 보일 정도로 얇게 펴서 준비한 후 영아가 검지를 이용해 선이나 동그라미 등을 그릴 수 있도록 지도한다.

◎ 고려사항

벽에 큰 종이를 붙여 주어 그리게 하면 내리긋기(수직선)를 쉽게 할 수 있다. 또한 골판지를 이용하면 움직임의 방향을 유도할 수 있다. 그리기 도구는 굵은 것이 영아가 손으로 잡기에 편하다.

모래를 이용해 손가락으로 수직선이나 수평선 그리기를 지도할 때 영아가 입에 모래를 넣지 않도록 주의한다.

뇌성마비 영아의 경우는 종이를 바닥에 테이프로 고정시키거나 스케치북을 집게로 고정시킨 후 잡기도구에 크레용을 끼워 그리기를 할 수 있도록 한다. 색연필을 잡기 어려워할 경우 손에 색연필을 쥐게 한 후 떨어지지 않도록 찍찍이로 고정시켜 준다.

시각장애 영아의 경우는 양각화 혹은 음각화된 수직선이나 수평선을 손가락으로 따라 그려 보는 활동과 색연필이나 막대를 쥐고 움푹 파인 홈을 따라 손을 움직이는 활동으로 선 그리기 연습을 하게 한다.

◎ 목표행동 성취기준

영아는 주양육자가 수직선이나 수평선 그리는 것을 보여 주면 그리기 도구(예: 색연필, 크레용)를 쥐고 수평선이나 수직선을 모방하여 그리는 행동을 10회 시도 중 최소 8회 이상 할 수 있다.

7. 목표행동

영아가 보고 있을 때에 블록이나 차 같은 놀잇감 4개를 한 줄로 세우면 그것을 보고 최소 2개를 한 줄로 세운다.

◎ 목표행동 성취의 중요성

사물을 일렬로 배열하는 활동은 공간지각력, 눈과 손의 협응력, 손을 이용한 조작기술 발달에 중요한 역할을 한다 .

◎ 자료

블록, 자동차 또는 기차 모양의 놀잇감

목표행동 성취를 위한 단계적 지도과정

step 1 주양육자는 영아가 블록을 가지고 잠깐 동안 놀게 한다.

step 2 주양육자는 "우리 칙칙폭폭 기차놀이 할래?" 하며 영아의 관심을 유도한다.

step 3 주양육자가 먼저 2개의 블록을 잡고 일렬로 움직이며 "칙칙폭폭!" 하고 소리를 낸다.

step 4 주양육자는 영아에게 "○○야, 너도 기차 만들어 볼래?"라고 하며 블록을 손으로 가리킨다.

step 5 영아가 블록을 2개 이상 한 줄로 세우면 주양육자는 박수를 치며 칭찬해 준다.

일상생활에서의 지도과정

신발 나란히 놓기, 화장품 나란히 놓기 등의 활동을 지도한다.

고려사항

뇌성마비 영아의 경우는 놀잇감을 손으로 잡아 이동시키는 것보다는 놀잇감을 손으로 밀어내어(터치하는 방식으로) 한 줄을 세우도록 지도한다.

시각장애 영아의 경우는 주양육자가 일렬로 세우는 활동을 직접 눈으로 볼 수 없기 때문에 모방하도록 지도하는 것은 어려운 일이다. 이때는 자석 블록을 사용하여 한 줄로 세우고 만져 볼 수 있게 하며, 여러 개의 블록을 연결하여 길이를 충분히 파악하도록 돕는다.

목표행동 성취기준

영아는 주양육자가 블록이나 차 같은 놀잇감 4개를 한 줄로 세우면 그것을 모방하여 적어도 2개를 한 줄로 세우는 행동을 10회 시도 중 최소 8회 이상 할 수 있다.

07 월령: 25~30개월

1. 목표행동

다른 사람이 종이에 선으로 원을 그리는 것을 모방하여 그린다.

◎ 목표행동 성취의 중요성

원 그리기는 직선 긋기보다 더 정교한 손 조절 능력이 필요하며, 눈과 손의 협응력을 발달시키는 데 중요한 역할을 한다.

◎ 자료

큰 종이(스케치북), 색연필, 인체에 무해한 크레용과 매직펜, 높이와 각도를 조절할 수 있는 이젤, 크고 뭉툭한 붓, 핑거페인팅 물감

◎ 목표행동 성취를 위한 단계적 지도과정

step 1 주양육자는 영아 앞에 큰 종이(스케치북)를 놓는다.

step 2 주양육자는 "잘 보세요!" 하며 종이 위에 크레용으로 원을 그리며 '동그라미, 동그라미, 동그라미' 라는 노래를 부른다.

step 3 영아에게 "너도 할 수 있겠니?" 하며 영아가 스스로 해 보게 한다.

step 4 영아가 원 그리기를 어려워하면 주양육자가 영아의 손을 잡고 함께 '동그라미' 노래를 부르며 원을 그린다.

step 5 다시 영아 혼자서 그려 보라고 한다.

step 6 필요하면 두꺼운 종이에 원 모양을 그린 후 그 안을 오려내고 파인 선을 따라 영아가 그리게 하여 원 그리기에 도움을 준다.

◎ 일상생활에서의 지도과정

상자 안에 모래나 설탕 또는 밀가루를 바닥이 안 보일 정도로 얇게 펴서 준비한 후 영아가 검지를 이용해 원을 그릴 수 있도록 지도한다. 벽면에 큰 종이를 붙여 주고 영아가 수시로 동그라미를 그려 볼 수 있도록 한다.

◎ 고려사항

모래를 이용해 손가락으로 원 그리기를 지도할 때 영아가 입안에 모래를 넣지 않도록 주의한다.

뇌성마비 영아의 경우는 잡기도구에 연필을 끼워 원 모양을 그리거나 머리에 막대를 고정시켜 머리의 움직임으로 그리도록 지도한다.

시각장애 영아의 경우는 양각화 혹은 음각화된 원을 손가락으로 따라 그려 보는 활동과 색연필이나 막대를 쥐고 움푹 파인 홈을 따라 손을 움직이는 활동으로 원 그리기 연습을 지도한다.

◎ 목표행동 성취기준

영아는 주양육자가 동그라미 그리는 것을 보여 주면, 완벽하지는 않더라도 종이 위에 그리기 도구를 쥐고 동그라미를 모방하여 그리는 행동을 10회 시도 중 최소 8회 이상 할 수 있다.

2. 목표행동

혼자서 책장을 넘길 때, 한 번에 한 장씩 넘긴다.

◎ 목표행동 성취의 중요성

책장 넘기기를 통해 책에 손뻗기, 책장을 엄지와 검지로 쥐기, 넘기기 등 사물을 조작하는 기술을 향상시킬 수 있다. 영아는 손을 사용하는 것이 능숙해짐에 따라 스스로 환경을 조작할 수 있다는 것을 습득하게 된다. 또한 이러한 활동은 눈과 손의 협응력을 향상시킬 뿐만 아니라 책을 읽는 바람직한 방법(예: 한 번에 한 장씩 넘겨 보기)과 관련된 기본생활습관 형성에 중요한 역할을 한다.

◎ 자료

영아가 좋아하는 그림(예: 자동차, 동물 모양)이 있는 책, 사진 등

◎ 목표행동 성취를 위한 단계적 지도과정

step 1 주양육자는 영아에게 좋아하는 책을 건넨다.

step 2 주양육자는 책을 읽어 주면서 "○○야, 다음 장에는 어떤 내용이 있을까? 넘겨 보자." 하면서 영아가 직접 책장을 넘기게 한다. 영아가 책장을 넘기고 다음 장으로 넘어갈 때 "까꿍! 뿅!" 등의 의성어 등을 사용하여 영아의 흥미를 유발시킨다.

step 3 영아가 책장 넘기는 것을 도와준 것에 대해 "○○가 책장을 넘겨 주니까 엄마가 더 신나서 책을 읽었네! ○○야, 도와줘서 고마워." 하며 칭찬해 준다.

◎ 일상생활에서의 지도과정

영아의 사진이나 엄마, 아빠의 사진을 보여 주고 그 사진을 다음 책장 밑에 넣고 영아에게 사진을 찾아보라고 한다. 특히 가족 앨범은 영아의 흥미를 끌기 쉽고 책장이 두꺼워 한 장씩 넘기는 것을 연습하는 데 좋은 자료가 된다.

◎ 고려사항

영아는 종종 책을 거꾸로 보는데 이 시기에는 그림의 위아래를 구분하는 것이 중요한 것이 아니므로 자유롭게 영아가 책을 관찰하고 탐색할 수 있도록 해 준다.

뇌성마비 영아의 경우는 손에 골무나 고무로 된 싸개를 끼워 주어 책장을 쉽게 넘기도록 도와준다.

시각장애 영아의 경우는 다양한 촉감을 활용할 수 있도록 헝겊책, 종이책, 소리 나는 그림책을 사용하여 책장 넘기기 연습을 한다. 이때 영아가 책의 촉감을 충분히 탐색할 수 있도록 해 준다.

◎ 목표행동 성취기준

영아는 혼자서 책장을 한 번에 한 장씩 넘기는 행동을 하루 일과 중 최소 5회 이상 보인다.

3. 목표행동

4조각의 퍼즐을 맞춘다.

◎ 목표행동 성취의 중요성

퍼즐은 형태와 공간에 대한 정보를 체계화할 수 있도록 도울 뿐 아니라 사물에 손뻗기, 잡기, 맞추기 등 눈과 손의 협응력을 발달시킨다. 또한 부분과 전체에 대한 개념 습득(예: 인지능력 발달)에도 중요하다.

◎ 자료

크고 단순한 모양의 4조각 퍼즐(퍼즐 가운데에 손잡이가 있는 것), 동그라미, 네모, 세모 모양의 퍼즐

◎ 목표행동 성취를 위한 단계적 지도과정

step 1 주양육자는 영아 앞에서 다 맞추어진 퍼즐을 보여 준다.

step 2 주양육자는 영아가 보는 앞에서 퍼즐을 모두 흩어 놓은 다음 영아에게 맞추어 보라고 한다.

step 3 영아가 어려워하면 주양육자는 1조각만 빼고 나머지 퍼즐을 다시 맞춘다.

step 4 주양육자는 마지막 1조각을 영아에게 건네며 제자리에 맞추어 보라고 한다.

step 5 영아가 퍼즐 1조각을 맞추는 데 성공하면 이번에는 주양육자가 2조각을 먼저 맞추어 놓고 영아에게 나머지 2조각만 맞추어 보라고 한다. 영아가 맞추어야 하는 조각을 하나씩 늘려 간다.

step 6 주양육자는 영아가 바르게 퍼즐을 맞출 때마다 손뼉을 치며 칭찬해준다.

◎ 일상생활에서의 지도과정

주방에서 네모 플라스틱 통이나 동그란 플라스틱 통의 뚜껑을 찾아 덮기, 또는 종이컵이나 종이접시를 같은 모양끼리 포개기 등을 지도한다.

일상생활에서 퍼즐 맞추기와 유사한 활동으로 상자뚜껑 덮기, 열쇠 열기, 저금통에 동전 넣기 등을 할 수 있으며 시각적 단서 외에도 촉각적 단서를 이용한다.

◎ 고려사항

퍼즐은 영아가 쉽게 맞출 수 있도록 단순하고 커야 하며, 처음에는 쉬운 것부터 시작하여 점차 어려운 것을 시도해 보도록 한다. 퍼즐을 엎었을 때 바닥에 퍼즐 모양의 밑그림이 그려져 있는 것을 사용하면 영아가 퍼즐을 맞추는 데 도움을 줄 수 있다.

뇌성마비 영아의 경우는 퍼즐 조각을 잡고 이동시키기보다는 퍼즐 조각을 손으로 밀어내어 맞추도록 한다.

시각장애 영아의 경우는 퍼즐 조각과 퍼즐 판의 모양이 같음을 인식하도록 모양의 특성을 충분히 탐색하도록 배려하고 퍼즐과 퍼즐 판의 촉감을 같게 하여 성공률을 높인다. 퍼즐 조각의 크기는 영아가 한 손으로 모양을 파악할 수 있도록 영아의 손바닥 정도의 크기로 한다.

◎ 목표행동 성취기준

영아는 간단한 4조각 퍼즐을 맞추어 완성하는 행동을 10회 시도 중 최소 8회 이상 할 수 있다.

4. 목표행동

3cm 크기의 구슬 5개를 실에 끼운다.

◎ 목표행동 성취의 중요성

구슬을 실에 끼우기 위해서는 한 손은 구슬을 잡고 다른 한 손은 실을 잡아야 하므로 양손 사용이 가능해야 한다. 이를 통해 점차 정밀한 조작이 필요한 활동을 할 수 있게 되며 눈과 손의 협응과 사물에 손 뻗기, 쥐기 등의 소근육 발달을 향상시킬 수 있다.

◎ 자료

구슬꿰기 놀잇감(구멍이 뚫려 있는 3cm 크기의 원색의 알사탕 모양의 구슬과 실이 함께 구성되어 있음)

◎ 목표행동 성취를 위한 단계적 지도과정

step 1 주양육자는 영아에게 여러 개의 다양한 구슬과 실을 주어 탐색하게 한다.

step 2 영아가 구슬과 실을 가지고 어떻게 하는지 모르면 주양육자는 구슬에 실을 끼워 시범을 보인다.

step 3 주양육자는 "○○야, 목걸이 만들어 보자!"라고 말한 후 실에 구슬을 하나씩 끼운다.

step 4 주양육자는 몇 번 더 구슬을 실에 끼우다가 영아에게 구슬을 건네며 실에 끼워 보게 한다.

step 5 주양육자가 실 끝을 잡고 고정시켜 주면 영아가 구슬의 구멍을 실에 끼우도록 한다.

step 6 주양육자는 영아에게 구슬과 실을 건네며 스스로 해 보게 한다.

step 7 주양육자는 영아가 한 손으로는 실 끝을 잡고 다른 한 손으로는 구슬을 잡아 끼워 넣을 수 있도록 하고, 끼운 실의 끝을 빼는 과정을 설명한다.

step 8 영아가 실의 끝을 빼는 것을 어려워하면 주양육자가 영아의 손을 잡고 실의 끝을 잡을 수 있도록 지도한다.

step 9 주양육자는 영아가 목걸이 정도의 길이만큼 끼우면 완성하여 영아의 목에 걸어 준다.

○ 일상생활에서의 지도과정

영아가 손쉽게 꺼내서 놀 수 있도록 구슬 통을 놓아 두고 영아 스스로 목걸이를 만들어 보도록 격려한다. 또는 바퀴 모양의 마카로니를 끈에 끼워 방을 장식하거나 길게 줄에 끼워 매달아 장식한다.

○ 고려사항

구슬 통을 한꺼번에 쏟을 때 방 전체에 구슬이 굴러가지 않도록 주의한다.

뇌성마비 영아의 경우는 손의 정확도가 낮으므로 큰 구멍(3cm)의 구슬을 제공하여 주양육자가 구슬을 잡아 주고 영아는 실만 잡고 구멍에 넣도록 하여 성공감을 맛보게 한다.

시각장애 영아의 경우는 구슬의 모양과 구멍을 촉각으로 충분히 인지할 수 있도록 주양육자가 설명해 주며, 영아가 실 끝을 잡고 그 안에 넣었을 때 무게감을 느낄 수 있도록 좀 무거운 구슬을 이용한다. 또한 얇고 긴 막대에 휴지심과 같이 구멍 크기가 큰 물건 끼우기부터 시작해서 막대에 작은 구멍을 가진 고리 끼우기, 작은 구멍을 가진 사물에 실 끼우기 순서로 지도한다.

◎ 목표행동 성취기준

영아는 적어도 구슬을 5개 이상 실에 끼우는 행동을 10회 시도 중 최소 8회 이상 할 수 있다.

5. 목표행동

찰흙을 주면 굴리고, 치고, 비틀거나, 떼어 낸다.

◎ 목표행동 성취의 중요성

찰흙을 이용하면 손가락으로 찌르기, 누르기, 비틀기와 떼어 내기 등 다양한 형태의 조작 활동을 할 수 있으며 양손으로 굴리고 치는 과정을 통해 형태의 개념과 눈과 손의 협응력을 발달시킬 수 있다.

◎ 자료

놀이용 찰흙, 여러 가지 색의 밀가루 반죽(밀가루에 식용물감을 섞어 만든 것)

◎ 목표행동 성취를 위한 단계적 지도과정

step 1 주양육자는 영아의 손에 찰흙을 건넨다.

step 2 주양육자는 찰흙을 한 조각 떼어 내서 손바닥으로 굴리기, 납작하게 만들기, 손으로 비틀기, 바닥에 내려놓고 밀기 등 다양한 활동을 보여 준다.

step 3 주양육자는 "말랑말랑하고 느낌이 정말 좋아요!" 하며 영아가 찰흙에 대해 긍정적인 생각을 가지도록 유도한다.

step 4 주양육자는 "우리 토끼 만들어 볼까?" "자동차 만들어 볼까?" 하며 영아가 평소에 좋아하는 모양을 만들어 본다.

step 5 "○○야, 만들고 싶은 거 있어?" 하며 영아가 좋아하는 것을 만들어 보도록 유도한다.

step 6 주양육자는 영아가 찰흙을 이용해서 만드는 모든 것에 긍정적인 반응을 보이며 "○○야, 이건 자동차구나, 너무 멋진데." 하며 칭찬해 준다.

◎ 일상생활에서의 지도과정

가정이나 교육기관에서 주양육자와 영아가 직접 종이(예: 휴지, 신문지)를 찢어 밀가루 풀과 섞은 후 종이반죽을 만들어 위의 단계와 같이 지도한다.

송편 만들기, 만두 만들기, 수제비 만들기에 영아가 참여할 수 있도록 기회를 준다.

찰흙으로 먹는 음식물을 만드는 것은 영아의 흥미를 유발하는 데는 좋지만 만든 것을 입으로 가져가는 행동을 자연스럽게 유발하기 때문에 구강고착 경향이 있는 영아의 경우는 찰흙놀이를 처음 할 때 '먹는 놀이'는 피한다.

◎ 고려사항

찰흙은 영아가 조작하는 데 어려움이 없도록 부드러운 것을 사용하도록 하며,

입에 넣지 않도록 유의한다. 만약 영아가 입에 넣더라도 문제가 생기지 않도록 밀가루 반죽을 대신 사용하고 영아가 색에 호기심을 가질 수 있도록 다양한 식용색소를 첨가해 본다.

뇌성마비 영아의 경우는 할 수 있는 동작부터 시작하도록 하여 영아가 좌절감을 가지지 않도록 해 준다.

시각장애 영아의 경우는 주양육자가 영아의 손을 잡고 찰흙 모양을 여러 가지 방법으로 변형시켜 보면서 영아가 찰흙의 다양한 성질을 인식하도록 한다. 시각장애 영아는 촉감 자극에 민감하여 찰흙의 느낌을 거부할 수 있으므로 처음부터 활동을 강요하지 않고 영아가 천천히 탐색할 수 있도록 배려한다.

◎ 목표행동 성취기준

영아는 스스로 찰흙이나 밀가루 반죽을 굴리고, 치고, 비틀고, 떼어 내는 등의 행동을 일주일에 최소 5회 이상 보인다.

6. 목표행동

종이를 가로나 세로로 접는 것을 보여 주면 따라 접는다.

◎ 목표행동 성취의 중요성

영아는 손가락의 조작능력이 익숙해지면서 가로나 세로와 같이 특정한 모양대로 접을 수 있게 되는데, 이러한 활동은 손의 강약을 조절할 수 있게 하며 눈과 손의 협응력과 양손의 협응능력을 발달시키는 데 중요한 역할을 한다.

◎ 자료

색종이, 냅킨이나 휴지, 신문지 등

◎ 목표행동 성취를 위한 단계적 지도과정

step 1 주양육자는 영아에게 여러 가지 색의 색을 건네며 좋아하는 색을 선택하게 한다.

step 2 영아가 색종이를 선택하면 주양육자는 색종이를 가로나 세로로 접는 시범을 보여 영아가 따라해 보게 한다.

step 3 영아가 어려워하면 주양육자는 영아의 손을 잡아 주어 색종이를 접을 수 있도록 지도한다.

step 4 주양육자는 영아에게 "○○야, 우리 비행기 만들어 볼까?" 하며 영아가 좋아하는 모양을 만들어 종이를 접도록 유도한다.

step 5 주양육자는 "색종이를 이렇게 반으로 접고~"와 같이 과정마다 하나씩 설명을 하며 직접 종이를 접는 시범을 보여 영아가 모방하여 접을 수 있도록 해 준다.

step 6 간단한 모양의 비행기를 접은 후 빈 공간에 날려 보는 활동을 해 본다.

◎ 일상생활에서의 지도과정

빨래를 갤 때 영아와 함께 해 본다. 주양육자는 수건으로 "이렇게 반을 접고, 다시 또 접고~"라고 설명하며 시범을 보이고, 영아가 흥미를 보이면 바지 등 다양한 모양의 옷을 접어 보게 한다.

◎ 고려사항

뇌성마비 영아의 경우는 불수의적인 움직이나 경직성으로 인해 색종이를 구기거나 찢기 쉽다. 그러므로 처음에는 주양육자가 도와주어 영아가 접는 느낌을 경험하도록 한 후 점차 혼자 접는 시간을 늘리도록 한다.

시각장애 영아의 경우는 색종이의 색으로 종이를 구별하기 어렵기 때문에 다양한 촉감의 종이(예: 신문지, 두꺼운 종이, 티슈)를 준비하여 활동에 참여하도록 한다. 주양육자는 하나하나 설명하면서 활동을 지도해야 한다. 종이를 접을 때 영아의 손을 함께 잡고 접으면서 종이의 질과 접는다는 의미를 알 수 있도록 지도한다. 또는 주양육자가 미리 접어 접는 선을 만들어 놓은 종이를 활용해서 영아가 쉽게 종이를 접을 수 있도록 지도한다.

◎ 목표행동 성취기준

영아는 모방하여 종이를 가로나 세로로 접는 행동을 10회 시도 중 최소 8회 이상 할 수 있다.

08 월령: 31~36개월

1. 목표행동

안전가위로 종이를 자르려고 할 때, 종이는 자르지 못해도 한 손으로 종이를 잡고 다른 손으로는 가위날을 벌리고 오므린다.

◎ 목표행동 성취의 중요성

가위질을 하기 위해서는 가위를 벌리고 오므릴 때 손의 근육을 조절할 수 있어야 하고, 한 손으로는 가위를 잡고 다른 한 손으로는 종이를 잡아야 하므로 양손의 협응력과 눈과 손의 협응력이 발달되어야 한다. 영아는 가위를 사용할 수 있게 되면서 이전보다 더 정교하게 사물을 조작할 수 있게 된다.

◎ 자료

안전가위, 색종이 등

◎ 목표행동 성취를 위한 단계적 지도과정

step 1 주양육자는 영아에게 종이를 가위로 자르는 시범을 보인다.

step 2 주양육자는 영아에게도 종이를 건네며 "○○야, 잘라 볼래?"라고 권유한다.

step 3 주양육자는 영아의 손가락을 가위를 잡는 바른 위치에 놓아 준 뒤 영아의 손을 함께 잡고 "벌려." "닫아."라고 말하면서 가위로 종이를 잘라 본다.

step 4 주양육자는 영아가 혼자서 가위를 잡고 잘라 보게 하고, 처음에는 종이를 함께 잡아 준다.

step 5 익숙해지면 주양육자는 영아 스스로 한 손에는 종이를 잡고 다른 한 손에는 가위를 잡고 종이를 자를 수 있도록 한다.

◎ 일상생활에서의 지도과정

영아가 가위를 다루는 것을 어려워하면 집게를 이용해 휴지나 부드러운 사물(예: 뻥뻥이, 적당한 크기로 자른 수수깡)을 집어서 다른 그릇에 옮기는 활동을 해본다.

◎ 고려사항

가위는 대부분 오른손잡이용이므로 영아의 우세손이 명확하지 않으면 오른손으로 가위질을 하도록 가르치는 것이 좋다. 만약 영아가 왼손잡이면 왼손잡이용 가위를 준다.

다운증후군 영아의 경우는 손가락이 짧고 손가락 끝 감각이 무디거나 전체적으로 근긴장도가 낮아 팔과 손의 힘이 약한 경우가 많으므로 가위를 사용할 때 좀 더 세분화된 단계별 지도를 해야 한다. 처음에 주양육자가 시범을 보이고 영아와 함께 손을 넣을 수 있는 크기의 구멍이 있는 가위로 함께 종이를 잡아 "싹둑싹둑 자르자." 등 언어적 지시와 함께 도움을 주고 점차 혼자서 하도록 유도한다.

뇌성마비 영아의 경우는 뇌성마비용 왼손가위나 고리가위, 2인용 가위, 고정누름 가위 등 영아의 신체적 장애를 보상해 줄 수 있는 도구를 이용하여 가위질을 하도록 한다.

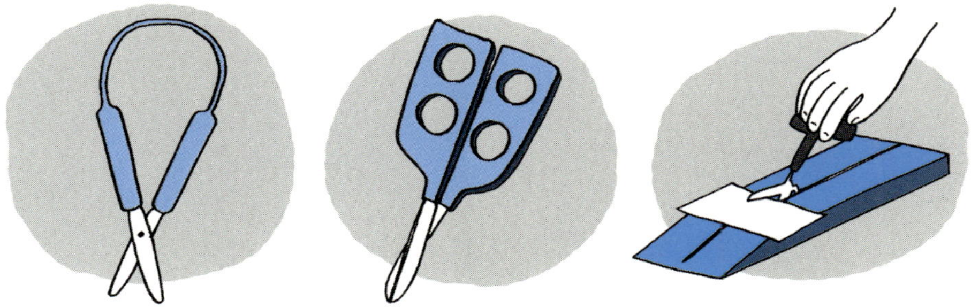

루프 가위 2인용 가위 고정누름 가위

시각장애 영아의 경우는 가위로 자르기 전과 후에 종이가 어떻게 다른지 충분히 만져서 비교하게 하고 위에서 제시한 동일한 방법으로 지도한다.

◎ 목표행동 성취기준

영아는 한 손에는 종이를 잡고 다른 한 손으로 가위날을 벌리고 오므려 종이를 자르려고 하는 행동을 10회 시도 중 최소 8회 이상 할 수 있다.

2. 목표행동

성인처럼 엄지와 다른 손가락 사이로 연필, 크레용이나 펜을 잡는다.

◎ 목표행동 성취의 중요성

연필이나 크레용 잡기의 발달과정을 보면, 보통 손 전체로 움켜잡고 팔 전체를 사용해서 그리다가(1~2세) 엄지, 검지, 중지로 잡고 손목을 이용하여 그리는데(3.5~4세), 이때 새끼손가락을 바닥에 지지한 상태에서 엄지손가락 쪽을 움직이는 것이 활동의 기본이 된다.

◎ 자료

큰 종이(스케치북), 연필, 크레용, 색연필 등

◎ 목표행동 성취를 위한 단계적 지도과정

step 1 주양육자는 영아 앞에 큰 종이(스케치북)를 올려놓는다.

step 2 주양육자는 스케치북 위에 크레용을 잡고 그림을 그리며 영아의 관심을 끌어낸다.

step 3 영아에게 "○○도 해 볼래?"라고 권유하며, 영아의 손에 크레용을 쥐어 주는데, 이때 영아가 새끼손가락을 고정시키고 엄지와 다른 손가락 사이로 크레용을 잡을 수 있도록 유도한다.

step 4 주양육자는 영아가 자유롭게 그리기를 할 수 있도록 지도한다.

◎ 일상생활에서의 지도과정

숟가락 잡기도 크레용 잡기와 마찬가지로 손 전체로 숟가락을 잡고 푸다가 점차 엄지 쪽으로 잡고 조절하게 된다. 식사를 할 때 주양육자는 영아가 새끼손가락을 고정시킨 후 엄지손가락을 사용하여 음식을 뜰 수 있도록 지도한다.

◦ 고려사항

영아가 다양한 도구를 사용하게 되면 주양육자는 안전에 유의해야 한다. 가능하면 펜 등 날카로운 도구는 사용하지 않도록 한다.

뇌성마비 영아의 경우는 크레용이나 연필에 잡기도구를 끼워 잡는 연습을 하도록 한다.

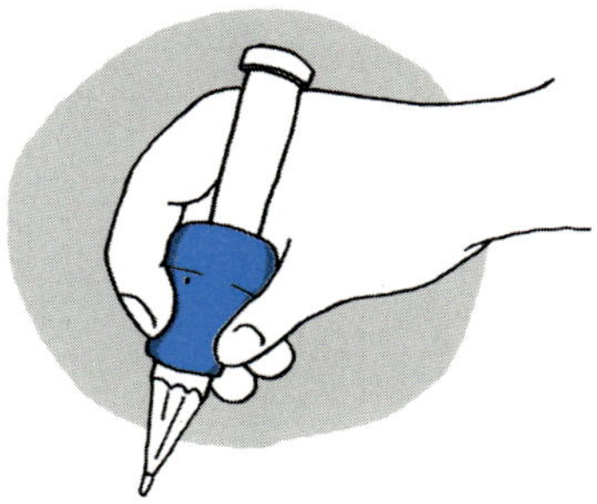

◦ 목표행동 성취기준

영아는 연필이나 크레용을 잡을 때 엄지와 다른 손가락 사이로 잡는 행동을 10회 시도 중 최소 8회 이상 보인다.

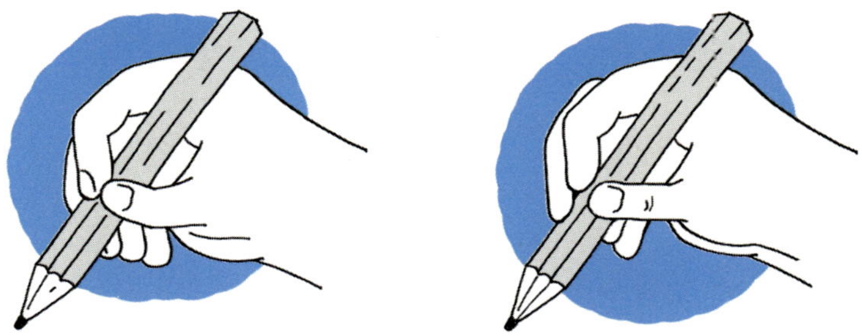

3. 목표행동

십자가 그림을 제시하면 위에 따라 그린다.

◎ 목표행동 성취의 중요성

선을 따라 그림을 그리는 것은 도구를 손에 잡기 위한 근육조절과 손목의 발달을 통한 소근육의 운동, 눈과 손의 협응력을 향상시킨다. 또한 도구를 잡을 때 새끼손가락을 지지하고 엄지손가락으로 사용하여 조절하는 능력을 발달시킨다.

◎ 자료

큰 종이(스케치북), 크레용, 색연필 등

◎ 목표행동 성취를 위한 단계적 지도과정

step 1 주양육자는 영아 앞에 큰 종이(스케치북)를 올려놓는다.

step 2 주양육자는 "잘 보세요!" 하며 종이 위에 크레용으로 십자가를 그리고 영아가 관심을 가지도록 유도한다.

step 3 십자가를 점선으로 그려 준 뒤 영아에게 "한번 그려 볼래?" 라고 묻고 영아가 스스로 해 보도록 유도한다.

step 4 필요하면 주양육자가 영아의 손을 잡고 함께 그림을 그리는데, 십자가 그리기 시작점에서 잡은 손을 놓는 등 점차 도움을 줄여 나간다.

◎ 일상생활에서의 지도과정

상자 안에 모래나 설탕 또는 밀가루를 바닥이 안 보일 정도로 얇게 펴서 준비한 후 영아가 검지를 이용해 십자가를 그릴 수 있도록 한다. 또는 모래놀이터에서 나무젓가락을 이용하여 영아가 십자가를 그려 볼 수 있도록 한다.

◎ 고려사항

뇌성마비 영아의 경우는 색연필이나 크레파스에 잡기도구를 끼워 선을 그리도록 유도한다.

중증 시각장애 영아의 경우는 선을 따라 그리는 것이 어려울 수 있으므로 밝은 노란색 종이에 검정색 마커를 사용하는 등 대비되는 색을 사용하거나 영아가 자신의 손가락으로 선을 추적하는 활동을 하도록 한다. 또는 양각화 혹은 음각화된 수직선이나 수평선을 손가락으로 따라 그려 보는 활동과 석연필이나 막대를 쥐고 움푹 파인 홈을 따라 손을 움직이는 활동으로 선 그리기 연습을 하도록 한다.

◎ 목표행동 성취기준

영아는 주양육자가 그려 놓은 십자가 모양에 따라 그리는 행동을 10회 시도 중 최소 8회 이상 할 수 있다.

4. 목표행동

종이를 대각선으로 접는 것을 보여 주면 따라 접는다.

◎ 목표행동 성취의 중요성

종이를 대각선으로 접는 것과 같이 특정한 모양으로 접기 위해서는 손가락의 조작 능력이 능숙해야 하고 손힘의 강약을 조절할 수 있어야 한다. 종이 접기는 눈과 손의 협응력, 양손의 협응력을 발달시킬 수 있다.

◎ 자료

색종이, 냅킨이나 휴지, 신문지 등

◎ 목표행동 성취를 위한 단계적 지도과정

step 1 주양육자는 영아에게 여러 가지 색의 색종이를 건네며 좋아하는 색을 선택하게 한다.

step 2 영아가 색종이를 선택하면 주양육자가 색종이를 대각선으로 접는 시범을 보이고 영아가 따라 해 보게 한다.

step 3 영아가 어려워하면 주양육자가 영아의 손을 잡아 주어 색종이를 접을 수 있게 한다.

step 4 주양육자는 영아에게 "○○야, 우리 배 만들어 볼까?" 하며 종이를 접도록 유도한다.

step 5 주양육자는 "색종이를 이렇게 반으로 접고"와 같이 과정마다 하나씩 설명을 하면서 대각선으로 접는 것을 보여 주고 영아가 모방하여 접을 수 있도록 한다.

step 6 주양육자는 "우와, ○○가 이렇게 접으니까 세모 모양이 되었네. 다시 한 번 접어 볼까?"라고 한 뒤 영아와 함께 반복해 본다.

step 7 다음 과정도 하나씩 설명한 후 영아가 따라서 종이를 접을 수 있도록 한다.

step 8 주양육자는 대각선으로 접은 종이로 배를 만들어 영아와 함께 물 위에 띄워 보는 활동을 해 본다.

◎ 일상생활에서의 지도과정

빨래를 갤 때 영아와 함께 해 본다. 주양육자는 수건으로 "이렇게 반을 접고 다시 또 접고~"라고 설명하며 시범을 보이고, 영아가 흥미를 느끼면 바지 등 다양한 모양의 옷을 접어 보게 한다.

◎ 고려사항

뇌성마비 영아의 경우는 주양육자가 접는 것을 도와주며 영아가 손 외에 다른 신체 부위로 접어 보게 한다.

시각장애 영아의 경우는 색종이의 색으로 종이를 구별하기 어렵기 때문에 다양한 촉감의 다른 종이(예: 신문지, 두꺼운 종이, 티슈)를 준비하여 활동에 참여하도록 한다. 주양육자는 하나하나 설명하면서 활동을 지도해야 한다. 종이를 접을 때 영아의 손을 함께 잡고 접으면서 종이의 질과 접는다는 의미를 알 수 있도록 지도한다. 또한 주양육자가 미리 접어 접는 선을 만들어 놓은 종이를 활용하여 영아가 쉽게 종이를 접을 수 있도록 한다.

◎ 목표행동 성취기준

영아는 종이를 대각선으로 접는 것을 보여 주면 따라서 접는 행동을 10회 시도 중 최소 8회 이상 할 수 있다.

5. 목표행동

혼자서 블록이나 작은 놀잇감을 8~10개 정도 쌓는다.

◎ 목표행동 성취의 중요성

블록이나 놀잇감을 쌓기 위해서는 사물에 정확하게 손뻗기, 잡기, 놓기 등 사물 조작기술이 향상되어야 하며 눈과 손의 협응운동이 발달되어야 한다. 이와 같이 손을 이용하는 기술이 향상되면 영아는 스스로 환경을 조작하고 통제할 수 있다는 것을 알게 된다. 이러한 소근육 운동기술의 발달은 독립적인 자조기술과 놀이기술을 향상시키는 데 중요한 역할을 한다.

◎ 자료

작은 크기(2.5~4cm)의 블록 10개 이상

◎ 목표행동 성취를 위한 단계적 지도과정

step 1 주양육자는 영아 앞에 여러 개의 블록을 놓는다.

step 2 주양육자는 영아와 함께 블록을 가지고 놀이를 하며 탑 쌓기 시범을 보여 준다.

step 3 영아에게 블록 하나를 건네며 "○○도 탑을 쌓아 볼래?" 하며 영아가 스스로 하도록 유도한다.

step 4 영아가 블록을 하나씩 올릴 때마다 주양육자는 다음 블록을 하나씩 건네준다.

step 5 탑을 모두 쌓은 후 주양육자는 영아와 함께 탑을 무너뜨린다.

step 6 주양육자는 "○○ 혼자 할 수 있겠니?"라고 말하며 블록만 건네준다.

step 7 주양육자는 모두 쌓으면 손뼉을 치며 "너무 잘했어!"라고 칭찬해 준다.

◎ 일상생활에서의 지도과정

집에 있는 작은 상자를 쌓아 성이나 집을 만들어 본다. 레고블록을 가지고 주양육자와 함께 모형을 만들며 놀이를 한다.

◎ 고려사항

여러 종류의 블록을 함께 섞어서 놀이를 유도하면 영아가 모양을 맞추는 데 혼란을 가져올 수 있으므로 한 가지 모양의 블록으로만 활동을 한다.

뇌성마비 영아의 경우는 불수의적인 움직임으로 인해 쌓아 놓은 블록을 무너뜨리기 쉬우므로 손의 근긴장도를 떨어뜨리고 편안한 자세를 유지하게 해 준다.

시각장애 영아의 경우는 찍찍이를 이용한 가벼운 헝겊 블록이나 자력이 있는 레고를 활용하여 같은 방법으로 지도한다.

◎ 목표행동 성취기준

영아는 8~10개의 블록을 쌓는 행동을 10회 시도 중 최소 8회 이상 할 수 있다.

6. 목표행동

블록 3개로 다리 모양 만드는 것을 보여 주면 따라 만든다.

◎ 목표행동 성취의 중요성

주양육자가 블록으로 다리 모양을 만들면 영아가 그것을 보고 따라서 만드는 것은 모방행동이다. 소근육 발달에 있어서 모방은 사물을 조작하는 능력, 문제해결을 통한 소근육의 운동의 발달, 눈과 손의 협응력을 향상시킨다.

◎ 자료

블록(길이 3cm 정도) 5개 이상, 자동차 놀잇감, 과자상자, 우유팩 등

◎ 목표행동 성취를 위한 단계적 지도과정

step 1 주양육자는 영아가 블록을 가지고 잠깐 동안 놀이를 하게 한다.

step 2 주양육자는 영아 옆에서 블록 2개로 기둥을 세운 후 그 위에 블록 하나를 올려 다리를 만든다.

step 3 주양육자는 자동차를 손으로 잡고 기둥 위에 올린 후 "이건 다리입니다. 자동차가 뛰뛰빵빵 나가십니다. 길을 비켜 주세요!" 하며 놀이를 시작하여 영아의 관심을 끌어낸다.

step 4 주양육자는 영아에게 "○○도 다리를 만들어 볼 수 있겠니?" 하며 영

아가 다리를 스스로 만들도록 유도한다.

step 5 영아가 2개의 블록으로 기둥을 세울 때 또 하나의 블록이 기둥 위에 올려질 수 있도록 주양육자가 기둥의 거리를 조절해 준다.

step 6 영아가 블록으로 기둥을 만드는 것을 어려워하면 주양육자가 블록으로 미리 만들어 놓은 기둥 위에 나머지 부분만 영아가 올릴 수 있도록 한다.

step 7 다음에는 주양육자가 기둥 하나만 세워 준 후 영아가 나머지 기둥과 지붕을 세울 수 있도록 지도한다.

◎ 일상생활에서의 지도과정

식사준비, 청소, 세탁 또는 다른 일상활동을 할 때 그에 필요한 도구를 영아에게 주고 주양육자를 모방하게 한다. 예를 들어, 상차림을 할 때 영아에게 수저를 주거나 청소를 할 때 영아에게 행주를 주어 주양육자를 모방하게 할 수 있다. 또한 세탁을 할 때 영아가 바구니에서 옷을 꺼내도록 할 수도 있다. 영아가 스스로 모방을 하지 못하면 주양육자가 영아의 손을 함께 잡고 신체적 지지를 해 준다.

◎ 고려사항

뇌성마비 영아의 경우는 불수의적인 움직임이나 경직성이 있으므로 찍찍이를 붙인 블록을 이용하여 블록이 잘 붙어 있도록 해 준다.

시각장애 영아의 경우는 자석 블록을 사용하여 다리를 만들어 본다. 자석 블록을 사용하면 쉽게 줄이 흩어지지 않기 때문에 영아의 목표 달성을 도울 수 있다.

◎ 목표행동 성취기준

영아는 주양육자가 블록으로 다리를 만들면 그것을 모방하여 다리 모양을 만드는 행동을 10회 시도 중 최소 8회 이상 할 수 있다.

7. 목표행동

큰 단추를 푼다.

◎ 목표행동 성취의 중요성

큰 단추를 풀기 위해서는 한 손으로는 단추를 잡고 다른 한 손으로는 옷을 잡아야 하므로 양손 사용이 가능해야만 한다. 단추 풀기는 눈과 손의 협응과 사물에 손 뻗기, 잡기 등의 소근육 발달을 향상시킬 수 있다.

◎ 자료

큰 단추와 단추 구멍이 있는 옷

◎ 목표행동 성취를 위한 단계적 지도과정

step 1 주양육자는 단추가 잠긴 옷을 영아에게 주고 단추를 풀라고 한다.

step 2 영아가 단추 푸는 것을 어려워하면 주양육자는 시범을 보여 준다.

step 3 주양육자는 영아의 손을 잡고 도움을 주며 함께 풀어 본다.

step 4 영아가 가볍게 옷자락을 잡아당겨 한 손은 단추 구멍에 넣고 다른 한 손은 구멍 밖으로 단추를 잡아당겨 꺼내도록 지도한다.

step 5 주양육자는 영아가 단추를 함께 푸는 데 익숙해지면 영아 스스로 단추를 풀도록 유도한다.

◎ 일상생활에서의 지도과정

돼지 저금통에 동전을 넣으며 연습을 하도록 한다. 이때 구멍의 크기는 영아가 동전이나 바둑알을 밀어 넣을 때 약간 빡빡한 느낌으로 들어갈 정도여야 한다.

매일 큰 단추가 달린 옷을 영아가 입고 벗어 볼 수 있게 하며, 이때 혼자서 단추를 풀거나 잠그도록 유도한다.

◎ 고려사항

처음에는 영아가 쉽게 단추를 구멍에서 뺄 수 있도록 단추 구멍이 헐겁게 되어 있는 것을 준비한다.

◎ 목표행동 성취기준

영아는 큰 단추를 3개 이상 푸는 행동을 10회 시도 중 최소 8회 이상 할 수 있다.

저자 소개

서소정

이화여자대학교 가정관리학과 학사(B.A.)
미국 미시간 주립대학교 학사(영유아보육행정 B.S.)
미국 미시간 주립대학교 대학원 석사(아동발달 M.A.)
미국 미시간 주립대학교 대학원 박사(영유아보육 Ph.D.)
현 경희대학교 아동가족학과 부교수 및 교육대학원 유아교육전공 주임교수

장혜성

이화여자대학교 특수교육학과 학사(B.A.)
이화여자대학교 대학원 특수교육학 석사(M.A.)
미국 펜실베이니아 주립대학교 대학원 특수교육학 석사(M.S.)
이화여자대학교 대학원 특수교육학 박사(Ph.D.)
현 가톨릭대학교 특수교육과 부교수

하지영

이화여자대학교 소비자인간발달학과 학사(B.A.)
이화여자대학교 대학원 아동학 석사(M.A.)
경희대학교 대학원 박사과정 수료(아동학전공)
전 이화여자대학교 인간생활환경연구소 전임연구원 및 구립 청담어린이집 교사
현 경희대학교 아동가족학과 강사

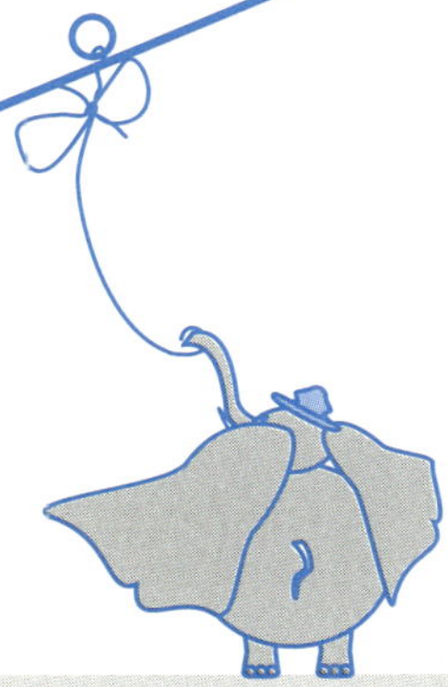

0~36개월

DEP 조기중재 교육과정 ③ 소근육 운동기술

2010년 6월 25일 1판 1쇄 인쇄
2010년 6월 30일 1판 1쇄 발행

지은이 • 서소정 · 장혜성 · 하지영

펴낸이 • 김진환
펴낸곳 • (주) 학지사
121-837 서울시 마포구 서교동 352-29 마인드월드빌딩 5층
대표전화 • 02-330-5114　팩스 • 02-324-2345
등록번호 • 제313-2006-000265호

홈페이지 • http://www.hakjisa.co.kr
커뮤니티 • http://cafe.naver.com/hakjisa

ISBN 978-89-6330-425-0 94370
978-89-6330-422-9 94370 (set)

정가 13,000원